大展好書 好書大展

大展好書 好書大展

社會人智囊

38

說NO的技巧

廖玉山／著

大展出版社有限公司

序文

目前日本正流行一種「NO的熱潮」。導火線是『可以說「NO」的日本』這本書，不過，對於強詞奪理又執拗的美國對日本的攻擊態度，人人都想反駁一句「NO」吧！

姑且不論政治、經濟或外交上的問題，自古以來一般認爲東方人並不擅長於説「不」。有人甚至就根據這一點而認爲東方人是意志薄弱或缺乏節操，對於這一點我的意見是「NO」。

東方人之所以不輕易對人説「不」，並非因爲意志薄弱或缺乏節操，也不是因爲耐性特強或個性老實。完全是因爲對對方的顧慮、體貼所造成的。這從缺乏這種顧慮的人凡事不管是否會傷害對方的自尊而逕自説「不」，結果招惹對方憤怒的事實就可獲得證明。

在商業社會也是一樣。東方人的交易與其説是基於損益關係，毋寧是建立在彼此的信賴關係上，所以才總是那麼不輕易地說「NO」。

話雖如此，人生在世上也不能總是聽令於對方。因此，這時就必須有一個不使對方感到不快，又能接受自己意識的技巧。總而言之，問題在於如何說服對方，尤其是「NO」的技巧更是掌握契機與人際關係的關鍵。

我本身曾經歷了許多說「不」的痛苦體驗。說了之後不但令對方感到不愉快而自己也覺得痛苦，但是，必須說卻不說「不」時，事後又會感到懊悔。

總而言之，不論哪一種方式多半會留下不悅的後遺症，因此，不知從何時開始我經常思索著如何巧妙地說「不」的方法。

當我分析各種不傷害對方感情而能坦然地接受自己所說的「不」的例子時，發現這些方法全都是偶然而巧妙地運用了人的心理反應。同時還發現即使不必說出「不」的字眼，某些動作比言詞更能有效地傳達「不」的訊息。

換言之，「不」之所以能夠成功，乃是由於傳達時能確實地掌握人微妙的心理動向。

不用贅言地，人的心理中當然包含著人的集團內的人際關係心理，和我個人正熱衷研究的「身體語言」。我希望各位讀者能夠藉由這本書，把許多想說而不敢說的「不」，串連而成的人生改變爲有許多確實的「不」。

總之，說「不」是促進親子、兄弟、情侶、朋友等各種人際關係更趨圓滑不可或缺的心理技巧。它將使你的人生變得更開朗而愉快。

目錄

說「NO」的技巧

第一章 先抬舉對方再說「NO」的技巧

●他雖然沒答應幫忙但的確是足以信賴的人

【本章的重點】如何在不知不覺中讓對方接受「不」

任何人都具有想要趨吉避凶的心理傾向。而當無論如何也無法迴避時，人的心理會自然地把不利於自己的事情轉爲有利於自己的方向後去接納的作用。要有效地利用這種心理作用，使對方坦然接納「不」的最簡捷的方法是刺激對方的自尊心。

除非是個性特別乖癖的人，否則一般人都不喜歡聽到對方說「不」。因爲，自己的要求無法獲得滿足，當然會產生不愉快的感情。說「不」而又要讓對方不興起這種感到不愉快，最明智的方法是徹底抬舉對方，讓對方在不知不覺中接納「不」。

在心理學上有所謂的「認知不協調理論」。

所謂「認知」是指人藉由眼、耳、鼻、皮膚等感覺器官以接受外界的刺激。以往認爲這個認知的部份是人的心理作用的基本機能，但是，從最近的研究中發現當人認知某情報時，會對「動機產生」的心理機能造成極大的影響。

所謂「動機產生」即驅使人朝某目的行動的要因。簡單地說，當人認知某特定情報時，必定會發生特定的「動機」。這就是「認知的不協調理論」。

舉例而言，當我們經歷了造成心理上不快（不協調）的事情時，一定會產生要把它轉變爲愉快（協調）事情的動機。方法之一是奉承對方，具體上可大致區分爲利用心理作用欺瞞、以理論欺瞞、以言詞欺瞞三項。

「欺瞞」一詞也許不太好，不過，總而言之是要讓對方不感到不快（不協調）的一種表演。「表演」並非誇大其詞，它是要刻意把大家在無意識中所做的事表現出來罷了。

奉承對方的方法，其優點是不但不會傷害彼此之間的感情，相反地暫時還會增強雙方的情結。所以，不但在不知不覺中能讓對方坦然接受「不」，同時不會留下不快感。人是最無法控制精神緊張的動物。而這個方法的另一個優點是，讓對方接受「不」時，卻不會陷入緊張狀態。

1 徹底地貶低自己

●滿足對方的自尊心以消除其被說「不」時的心理不協調

農村長大的純情大學生愛上一名在風塵中打滾的女子，大學生有意和風塵女結婚，但是，結果卻放棄愛情而專心學業的故事是小說中常見的題材。

這類故事的結構多半是沉淪爲風塵女的女性由於飽嚐人生的辛酸，對人性體貼入微，爲了激厲涉世未深的青年而犧牲自己愛情的情節。這時，風塵女多半是以這樣的說詞讓癡情的大學生對她死心。

「你是有學問又有前途的人。和我這種沒教養，家世又不好的風塵女交往絕對不會有好處的。我想我比你對待我的還要愛你。但是，如果保持這樣的關係，可能會荒廢你目前的學業。正因爲愛你所以我們應該分手……。」

在此姑且不論這位女性的話是否屬實。即使這名女性是另有他人，而爲了脫離癡情大學生的糾纏才這麼說，不過，這些話多半會令男人坦率地與女人分手。

這段話的巧妙之處是，說話者始終把自己貶得低下，同時刺激對方的自尊心，把因被拒絕所產生的創傷倒向創口獲得平撫的方向。當男人覺得自己仍然是對方所心愛的對象時，分手的痛苦就不算什麼了。

正如這個例子所示，人只要不受到傷害，在心理上能獲得安定，即使被說「不」而失去實質上的事物也無所謂。所以，從結論而言，在想說「不」的場合，只要奉承對方讓對方感到愉快，就可以順利地讓對方認同「不」。

而抬舉對方使對方感到愉快時，必須把應該說「不」的自己貶低，這是一體兩面密不可分的。

正如「無法勝任」一詞所示，一再地表明自己並不適合對方的要求，相對地卻提高對方的地位，同時，藉由抬舉對方的立場，讓對方產生自己無法勝任，必須辭退的印象。

當向介紹人拒絕婚事時，「高攀不上……」或「太優秀了，恐怕比不上他」之類的說詞可以在不傷害對方顏面下使事情圓滿收場。

2 把對方讚美得天花亂墜

●製造相互作用以消除「不」所引起的尷尬

據說英語中有這樣的表現法——「相互讚美協會＝Mutual Admiration Society」。總而言之，是指彼此讚美，而使雙方獲得滿足的關係。

根據心理學家們的調查，在這種關係下很容易使人沉醉於讚美、被讚美的快感，而陷入自我滿足或現實逃避的假象中。譬如，對一分的讚美獲得二、三分的回報讚美，而對二、三分的讚美再給予四、五分的讚美。當這種心理上的相互作用頻繁地進行時，會陷入產生相互作用的惡性循環中，慢慢地雙方分不清楚彼此的本質。而變成滿足於他人是自己，自己是他人的「自閉性友情」。

正如這個例子所顯示的，一般人很容易因爲相互作用的循環而迷失兩者間所存在的問題本質。據說個性過於融洽的伙伴有時會有大失敗，或弄錯目標卻毫無所覺的疏忽乃是這個緣故。換言之，不論對什麼問題由於意見過於相投，反而沒有察覺到已經脫離正軌了。

因此，如果刻意地製造這種現象，就能矇混問題的本質而辭退對方的要求。其原理是利用相互作用，亦即一再地反覆「附和」作用。而對於對方的要求給予附和就是說「Yes」。爲了「不」的目的，在主題之外必須隨身「附和」。雖然不必做到美國式的互相讚美協會那般，不過，把對方讚美得天花亂墜的手法仍然是最恰當的。

若是在商談生意時，不要涉及商場的主題，而經常在問題的本質之外讚美對方。譬如對方的談吐有一套、腦筋好，或稱讚其推銷方式，不但工作行，遊樂方面也不落人後等等。即使對方覺得這是奉承也不會感到不快。同時，爲了回報對方不得不也說一兩句讚美話，自然而然地就形成有如相互讚美協會中的讚美應酬。

在這個循環中，說服者與被說服者之間的立場變得不明確，即使結果仍然被拒絕，在對方的心理也不會造成不協調。

3 讓對方認為被拒絕是好處

●滿足對方其他的「達成動機」而消除其慾求不滿

日本明治時代的文豪島崎藤村，當不知名人士央求其代寫書的序文時，經過幾番思索後向對方遞出這樣的回絕信。

「您上回在信中所提之事，依目前的健康狀況恕我無法代勞。這彷彿違背知己好友的希望，內心覺得非常痛苦，不過，不太清楚作者而代寫序文，是非常困難又令人擔心的事。小生曾經拜託故中澤臨川先生代拙作『家』寫序。完成之後卻發覺不適合自己的書，那篇特地央求代寫的序文反而令我不知所措。」

藤村是把「不」賦予積極的含意，向對方傳達「我拒絕是爲你好」的「不」的意志。這種說詞可以在不傷害依賴者的達成動機（Achievement・Motive）而圓滿收場。

我們被對方說「不」而感到不快的原因之一是，想藉由對方的「YES」以達成的目的中途受挫，而陷入慾求不滿。因此，如果能夠說「不」而不使對方的達成動機受挫，就是最好的方法了。換言之，只要能夠滿足對方在拜託時所抱持的「達成動機」以外的「被拒絕而

有好處」的「達成動機」就行了。

島崎藤村非常瞭解人在這方面的微妙心理，因此，暗中向對方引喻「被拒絕並不會妨礙你的達成目的」。

筆者在替人斡旋就職事宜或作爲介紹人時，也經常使用這個手法。即使結果是一樣的，但是，若能讓對方覺得說「不」是爲對方著想，不但不會傷害到對方的感情還能使對方更率直地接受自己「不」的意志。

4 以對方所在意的話題爲內容

●誘導對方主動開口而讓對方說出「不」的結論

成城大學名譽教授堀川直義先生在面試研究的分野上堪稱第一把交椅，據他所言採訪時可分爲「誘導式」「灌輸式」兩種。所謂「誘導式採訪」是以從對方誘導出「事項」或「人品」爲目的，而「灌輸式採訪」則是以向對方灌輸自己的意識或感情爲目的。在「不」的說法上似乎也適用這個分類。

幾年前當我在指導學生的畢業論文時，發現了一個有趣的事實，那就是學生與老師之間似乎也有一種合得來或合不來的微妙關係。當然，我們這些身爲教師者，不應該以此爲話題，而且，如果學生與自己合不來，更應該想盡辦法建立彼此的良好關係。這才是教師的職責吧！

不過，以和自己合不來的學生爲對象做指導時，的確煞費苦心。既然是指導，經常也會碰到針對學生的論文肯定地告訴對方「不行」的情況。因爲由於雙方的意圖沒有溝通清楚，學生經常無法依自己的想法寫出論文。

但是，在這種情況下如果用詞不當，學生的寫作更偏向自己的主張，結果變成無法給予及格。這麼一來師生之間可能陷入非常尷尬的關係。

大約二年前，我又指導了與自己合不來的學生。不出所料，論文的成果不太好。但是，我也不敢明言，於是心生一計，試問該學生有何興趣。結果他回答說喜歡狗。不，應該說是屬於熱愛狗的一群吧！很巧的是，我和我的家人也都非常喜愛狗。我們兩人大約談了三十分鐘左右的狗經。

當狗的話題告一段落時。他主動地說出自己的論文的確不太好，想要重新寫完全不同題目的論文。主題是寵物熱潮。

論文的目的是從討論寵物的過程中針對現代的家庭做分析。從此之後，幾乎不必我特別給予指導，論文的成績也非常好。

從這個例子我們可以發現以對方所在意的話題為談話內容，是促使對方毫無抗拒地接納「不」的有效方法。如果能向對方誘導出話題，並讓對方主動打開話匣子，而讓對方自己獲得「不」的結論，不但不會令對方不快更不會使對方陷入慾求不滿。這可以說是誘導式的「不」比灌輸式的「不」更具效果的一個例子吧！

5 讓對方考慮「YES」的回答

●讓對方提出實現要求的計劃而使其要求撤退

「如果不接受這個要求就罷工」，這種 All. or. Nothing（所有或無）的逼問方式，是強硬的勞工工會組織和經營者做交涉時經常採取的手段。如果想要避免罷工，必須接受對方的要求，如果拒絕要求就必須面臨罷工。

但是，紐約的律師，也是交涉天才的G・I・彌廉巴格卻以某勞資交涉的例子教導我們第三個途徑。

當經營者一一地檢討勞工工會所強硬要求的項目後，判斷「無論如何也沒辦法接受勞工工會的要求」。同時，也明白勞工工會並不可能保持現狀，於是要求對方在要求項目上做形式上的修正、緩和，然後建議對方「如果你們不答應修正、緩和，至少也教導我們能夠接納你們要求的方法吧！」

換言之，這是反過來向提出要求的對方要求教導如何實現其要求的方法。對方由於自尊心使然，無論如何也會擬出經營者方面可以接納的方法。這應該可以說是不說「不」，卻是

表達「不」的絕技吧！

如果經營者只是直接地一口表示回絕，會使交涉陷入膠著狀態。但是，在這種情況下如果對方沒有提出實現其要求的計劃，以及沒有達成尼連巴格所謂的「富有創意的方案」時，就可以把交涉破裂的責任轉嫁給對方。

當然無論如何都打算回絕時，還可以針對各個「試案」提出質疑，甚至還可以使要求化為泡影。

即使無法如此順遂人意，至少也可以使交涉接近自己的條件，所以，這是作為無法完全拒絕的第二法寶。

6 以牢騷應付牢騷

●彼此告訴「窘狀」以建立雙方共同的心理基礎

如果碰到他人央求借款或替其解決困難時，最好的方法是也向對方訴苦。評論家加藤諦三先生向年輕人做人生指南時，最常用的手法是「你痛苦。但是，我也痛苦。大家都痛苦，所以我們大家一同努力吧！」——這個方法也可以應用於拒絕別人的借款。

日本的文學家大町桂月在其拒絕友人借款的信上寫道：

「你我同病相憐。我始終認爲貧困者應當互相幫助，但是，應該還給××先生的借款至今仍無著落，各項支出也尚未結帳，只能先付給醫生藥費，診察費則需延至正月，房租方面也請房東暫緩幾個月，過年的支出本來預定十五萬元，目前則減約爲十萬或五萬，只做些年糕充當年貨。往年也是如此。如果仁兄也能強忍難關，應當像我一樣迎接新年。生意人只要多少讓他看點錢財的顏面，就不會囉嗦不停了。」

換言之，除了仔細聽來告貸者的訴苦之外，自己要說得比對方有更多的苦楚。因爲，對方之所以向你請求，是認爲「你的窘狀應該比自己還要輕微，所以有能力援助我」，除了必需消除對方的這種心理外，還要站在與對方共同的心理基礎上推心置腹地與對方商量以消除其不滿或不安。如果只是三言兩語的表示拒絕，對方也許會以爲你有錢而不願意借給他。當對方如此認定時，你的立場就不妙了。

雖然立場不同，夫妻間也可以應用這個手法。某作家的太太由於其丈夫置家庭生計於不顧，堅決地認爲「稿費是投資自己可能性的營養分」，而每天就在借款、跑當舖中渡過。後來，有一天，作家丈夫不經意的打開其夫人的錢櫃。

「怎麼？只剩一張啊？」

「是啊，一張啊！」

夫婦的對話到此爲止。後來，作家先生在他隨筆中寫著「彷彿身體被柴刀劈開的感覺」，從此之後，據說他們在生活費方面就不再出現難題了。雖然表面上沒有任何「牢騷話」，但是賢明的夫人知道一句話不說比嘮叨不停的牢騷更具說服力。

不假借言詞的牢騷也許在夫妻之間還行得通，不過，若是對陌生的他人就無法如此得心應手了。這時，最好的方法是毫無隱瞞的吐露自己的現狀。

7 刻意誇大其詞的說「YES」

●誇大其詞地說「YES」也讓對方察覺其要求被否定

「YOU are clever」是句讚美詞。但是，如果誇大其詞的說「You are very clever」時，對方反會以爲被諷刺爲「你眞是絕頂聰明啊‼你看起來並不像外表那麼聰明啊！」而顯出不悅的表情。

任何事情都該適可而止，過分誇大的言詞多半會表示與該語詞相反的意味。

當歐洲捲入第二次世界大戰之前，英國的某位政治家因擔憂納粹・德國日益嚴重的威脅，向當時的英國首相邱吉爾如此說：「這簡直是絕望啊，您認爲呢？」

好勝逞強的邱吉爾當場很想否定說沒有這回事，但是，光憑幾句話並無法消除對方內心的不安，於是，它如此的回答：

「是啊，這是無可言喻的絕望啊！我感覺自己好像年輕了二十歲。」

邱吉爾把對方的「絕望」一詞冠上「無可言喻」的形容詞，強烈地否定了對方的絕望。想說「NO」時，這個方法威力可不小。對於對方的要求如果輕易而誇張地說「YES」，對方最後一定會察覺自己的要求受到強烈的否定。

世界上有許多人會爲了讓對方答應自己的要求而盡說些露骨的奉承話。就連筆者也常見到有些人爲了拜託我演講，原本一通電話就可以解決的事情卻還特地帶禮物來登門拜訪，並如此地說道：

「您的大名早已久仰，而且每次您上電視節目時，一定在電視機前恭候。您精闢的論點，尖銳的分析、知識的廣博，眞是無人可出其右。眞了不起，實在了不起。」

聽到這種說詞令人彷彿是被當作傻瓜一樣的感覺。因爲過度奉承的話具有與輕蔑一樣的效果。所以，我也以同樣的手法給予反擊。

「那麼，既然是大人您的請求，即使是水深火熱，小的也在所不辭甚至是月球的表面。我，不必上月球嗎？那麼，您要求的是？」

這麼一來對方多半無言以對。同時還發覺自己被巧妙地回絕了。

8 對於對方的說詞給予部份的認同

●以部份認同緩和被全面否定所形成的排斥感

孩子說想做某事。父母說「不」。這時該如何讓孩子坦率地接受「不」呢？美國的教育心理學者海姆·吉莫特博士在其著作『親子之間』中，針對這個問題提出四個階段的「不」的說法。

⑴、首先肯定孩子的願望。譬如，「你是說今天晚上想看電影吧！」

⑵、明確地表示允許該願望的範圍。「我們家裡不是規定說『上學的晚上不可以看電影』嗎？」

⑶、但是，表示該願望可以獲得部份的實現。「不過，如果是星期五或星期六去看電影也無妨。」

⑷、給予表達失望或憤怒的機會。「我知道你討厭這條家規。」「等你們長大，可以改變這個家規喔。」「如果是你每天都想看電影吧！」

換句話說，如果一開始就給予全面的否定，就失去雙方共通的心理基礎。

因此，首先要肯定看電影的孩子的願望。這時可以附帶一句「媽媽也想看啊！」如此事先建立溝通時雙方必須共有同一事實的大前題，接著如⑵、⑶所示，表示在共通的地盤上有其限定，同時，表示其願望是可部份地獲得肯定。

這時可以利用「我們家的規矩」之類的「同屬一家人的感情」。這麼一來可以撤退當時的要求，如果能夠以⑷的方式降低孩子不滿的水位，那麼，就能使孩子心無芥蒂地接受父母們的「不」。

這個方法當然並不只限於兒童，大人們也可以試用。這可以說是藉著部份肯定以消除因全面否定所造成排斥感的最佳辦法。

9 列舉因「YES」所產生的不利

●一開始不表示否定的結論，而只在過程的階段中列舉「不」

中國戰國時代的韓宣王身旁有一位名叫摎留的策士。有一次，宣王想要重用兩名家臣而請教摎留的意見。結果，摎留這麼說：

「從前，魏國因爲重用這二人而失去部份國土。楚國也因爲重用這兩人失去了國土的一部份。所以，不久這二人勢必將我國的領土出賣給外國吧？」

後來摎留歸結地說：「所以，最好不要重用此二人。」即使不是宣王，任何人不必等到結論也就失去重用此二人的意願吧！這是『韓非子』中有名的一則話，不過，這種方式的「不」之所以能夠發揮說服力，當然是因爲這二人過去失敗累累又是大家有目共睹的關係。但是，千萬可別小看摎留的議論法。

因爲，當宣王請教摎留的意見時，摎留並沒有當場說出結論。只是客觀地陳述具體的事實，然後指責說：「所以，不久這二人將我國的領土出賣給外國吧？」以論理學而言是以歸納法下判斷。這裡就隱藏著說服力的秘密。

假使宣王詢求摎留的意見時，摎留開口就「這種人也許會出賣我國的領土」時，情況會變得怎麼樣呢？任何人一聽此言，內心一定會覺得「那有這麼直斷直言的人呢？難道對此二人懷恨」，立刻形成難以接納「不」的心態。在此之後即使列舉具體的事實，恐怕無法令人認定是純粹客觀的事實吧？

如果必須說令人難以接受的「不」時，請務必謹記這一點。換句話說，不要事先在結論上做否定，而在提議的階段中運用表示否定的「否定建議」的手法。如果一句話也不提「ＮＯ」這個字眼，卻列舉說「ＹＥＳ」時可能造成的各種不利的條件，對方不必等到結論也能瞭解「ＮＯ」的必然性了。

所有消極負面的事並非就是否定，而只是具有否定性的意味。說服對方時不要以「不行」「不願意」等主觀性的判斷強迫對方接受，而是客觀地向對方陳述如果說「ＹＥＳ」時，會產生什麼樣的不利或不便。這麼一來，「ＮＯ」一定能被對方接納。

10 讓對方暢所欲言

●讓對方吐露心聲後再予以反擊

一般人認爲，推銷員的工作就是開口說話，不過，眞正的推銷員應該是聽話比說話更在行。經驗初淺的推銷員一聽到顧客的反論會立刻激烈地辯解，結果顧客不服又給予反駁。如此展開了毫無休止的議論，結果變成「下一次再來吧！」推銷員一個商品也賣不出去就被迫退場。

但是，如果是資深推銷員無論如何也不會對顧客反駁。對於顧客的反駁都認爲是理所當然。有時甚至對對方的「ＮＯ」表示附合的態度。因爲，讓顧客暢所欲言乃是推銷的第一步。

這是巧妙地運用了心理學上所說的「主觀」與「客觀」的「對立」法。任何人都具有主觀接受事物而做主觀判斷的傾向，對推銷員的排斥多半也是主觀所造成。所以，如果推銷員一一反駁顧客的意見，只會造成雙方主觀的衝突，當然無法達成結論。因此，何不讓顧客把他的主觀全部傾吐出來。

這麼一來，對方會彷彿棒球中使盡所有絕招的投手般陷入一種心理的真空狀態。這時便是老道推銷員一展身手的時候了。他們會巧妙地潛入這種心理真空狀態，而以客觀性的反論慢慢地擊垮顧客的判斷。這時，顧客只能遵從推銷員的判斷，最後落入推銷員的掌握之中。

而說「不」時，必須採取相反的立場。剛開始故意表現出已經全部吐露自己的主觀，然後針對對方客觀性的反論予以主觀性的反駁。當全部提出自己主觀性的反駁時，也就是雙方勝負攤牌的時候。

11 以共同的話題岔開本題

●利用與本題無關的話題擊垮對方的判斷

「你的家在那裡？」「那個學校畢業的？」這似乎是初次見面的人交談前的前奏。但是，這決不是止於形式而已。唯有從這些會話才能揣測對方接下來的態度，亦即這是交談的一種前哨站。因爲，出生地或學校多半是形成一個人判斷範圍的基準＝關係範圍（Frame of reference）。所謂關係範圍是指規定一個人的態度、行爲的形成、表現的標準，而職業或興趣也可以形成這種範圍。

幾年前，我曾經和服務於水產公司及家俱廠商的朋友到國外旅行。當我們進入餐廳，坐上餐桌時，服務於家俱廠商的朋友立刻說：

「喔，這個椅子是法國製的喔！果然不錯。」

接著，當服務生端料理上桌時，一看到盤上菜餚，水產公司的朋友無限佩服地說：

「果然不錯，用的是好魚。眞想請教廚師這些魚是由那裡採購而來的。」

由此可見，個人的判斷體系也是會因其職業而異的。

如果能夠掌握對方判斷的體系，接下來的談話就簡單了。爲此，首先必須詢問出生地或畢業的學校，這像是交談前的握手一樣。同時，一般也認爲這是說服術的入門。而推銷員剛開始只談與生意毫不相關的話題，原因也是想要掌握顧客的資訊體系。

說相聲的人會脫離本題而說些笑話或拿自己身邊所發生的事件做爲開場白，其道理亦然。說相聲的人每天都要面臨不相同顧客。因此，利用開場白揣測顧客的反應，藉此掌握當場的氣氛，再配合著說相聲。

不論來者是男推銷員或女推銷員，當想要拒絕的人來拜訪時，不妨姑且洗耳恭聽一、二分鐘。然後突然問對方：「你是××縣吧？」猜對了當然最好，即使猜錯也無所謂。因爲，對方會訂正說：「不，我是××縣出生的。」

得知對方出生地之後事情就好辦了，只要傾出所有與該地相關的知識，譬如說「我兩年前也去過××縣，你是在南方或北方？」等等，不要談論對方所要推銷的事，而誘導對方大談出生地的事情。當雙方談得很熱絡而愉快時，就收場地說：

「那麼，請再來玩。謝謝你跟我聊得這麼愉快。」

即使推銷員走出門口才發覺上了當也爲時晚矣。想要說「不」時，可以反用這類彷彿握手一般的交談，把話題的中心越扯越遠。

利用動作・態度來表示NO的方法①

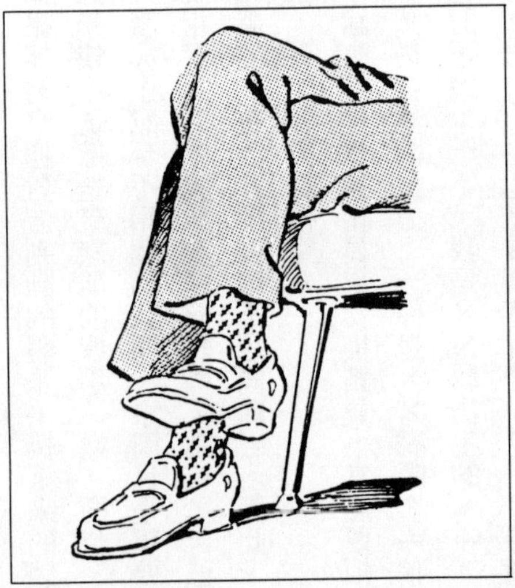

翹腳

對談中翹起腳來是表示「對你的談話毫無興趣」，這是拒絕的訊息。如果對方毫無所覺時，要二腳頻繁地交互做翹腳。

腳腕交錯

這種動作以女性爲多，將腳腕交錯而坐的姿勢雖然並非完全表示拒絕對方，卻也是一種不表示贊同的委婉拒絕的訊息。

利用動作・態度來表示NO的方法②

坐時雙脚不停地擊地

坐時雙腳後跟不停地踩著地，或用腳尖敲擊地板，是向靠近自己的人表示「是你令我覺得焦躁不安」。

雙脚不停地晃動

刻意地使用當焦躁或緊張時頻繁地晃動腳步的動作，是向對方表示「ＮＯ」的訊息。

12 頻繁地轉換論點

●分散對方的注意力使「失去時效」

這是國會審議時爲拖延議案常使用的手法。爲了讓某議案的審議盡量延遲到議程的最後，一再地舉出與該議案毫無直接關係的動議或建議，譬如議長不信任案、內閣不信任案等等，以爭取時間。

這是岔開議論的焦點，盡量迴避達成不利結論的一種戰術。不過，這個方法不僅適用於政治家，而且日常生活中想說「不」時也可以運用。

假設推銷香水的推銷員正向你遊說。你可以從其話題中選擇適當的題材，岔開推銷員的談話中。譬如：

「你說這是就寢前的香水，那麼，瑪麗蓮夢露在就寢前是使用什麼香水？」

「大概是法國的 CHANEL 五號吧。」

「對啊。很高級的香水吧？甘迺迪總統大概也忘情於那種香水吧！」

「咦？」

「你忘記了嗎？美國甘迺迪前總統和瑪麗蓮夢露不是交情很好嗎？」

諸如這般，由香水到甘迺迪總統，把論點做了轉換。然後再移動論點，從總統再談及現任的布希總統，比如：「據說布希私生活很乾淨，而日本的前首相中曾根先生可就傷腦筋了。你認為呢？」香水話題也可轉而討論金權政治的話題。一個話題雖然無法隨意更動，但是，論點卻可從各個不同觀點的連想而一再地更迭，結果變成與原題毫不相干的話題了。當最初的話題與最後的話題差距越大時，對方不得不也要默認說話者的態度是「ＮＯ」。

當然，說服者不可能那麼輕易地落入圈套。他們一定會設法找機會說「不過」或「那倒是……」等，極力試圖把話題扯回原位。

但是，不管對方的反應如何，只要繼續岔開論點，分散對方的注意力。這麼一來，對方在極力想要扳回主題時，已經忘了該如何說服你了。

在國會審議時，如果會期不延長，在既定的會期終了時，時間一到就無法完成法案。同樣地，任何議論都應該有其有形或無形的時間限制，如果扯進毫不相干的話題而耗損時間，即使不必說一句「ＮＯ」，於是說了「ＮＯ」。

13 向對方提出莫名其妙的要求

●以模糊的「概念構造」爲攻勢以否定對方

某廣告公司的主任設計師對拿著自己的畫前來毛遂自薦的年輕人，會用這樣的說詞使他們主動打退堂鼓。「嗯，你的畫我看不太懂。畫些我看懂的畫來吧！昨晚整晚沒睡，也許是這個關係吧……」

據說多半的年輕人聽到這些話後都帶著一臉似懂非懂的表情離去。其實，他是使用硬塞給對方莫名其妙的要求以封鎖對方攻擊的戰略。即使設計師說「帶些我看得懂的畫來」，但對方根本不知道說話者的「概念構造」。這麼一來由於對方失去繼續進攻的機會，不得不打退堂鼓了。換句話說，不去否定對方，只要能給對方莫名其妙的要求並混淆自己的「概念構造」，就能巧妙地達到拒絕對方的結果。

這也是只想在百貨公司裡閒逛的主婦們無意識中經常使用的手法。面對熱心地爲之解說的店員，她們或許會如此地詢問：「不知道適不適合我老公呢？」也許對於不善於理論性思考的女性而言，這種拒絕方式是與生俱來的吧！內人對付糾纏不休的店員也很有一套，她的

說詞是這樣的：「如果使用者是我自己的媽媽，依我個人的喜好替她選購倒無所謂。但是，這可是送給我婆婆的禮物。如果送這個給她不曉得她又有什麼話說了。」

這種反守爲攻的拒絕方式連老練的店員也招架不住吧！

據說這類主婦最感到棘手的丈夫是，只說些莫名其妙要求的男人。

譬如「做一點有愛情的料理吧！」等等，遇到這種丈夫無怪乎做太太的要仰天長嘯說十年同屋共枕，卻不知道丈夫想吃什麼、腦子裡打著什麼主意。

14 儘量把問題抽象化

●讓對方以爲是討論比主題更重要的問題，使焦點模糊

有些人被拒絕時還搞不清楚是爲什麼。這是因爲還未進入主題，就被對方所佈下的「迷陣」所誆騙了。

「論點的移動」也是這種「迷陣」之一，而還有另一種迷陣是把主題「抽象化」。當認爲以具體的事實拒絕對方勢必要大耗唇舌，或找不到具體的理由去拒絕對方時，不妨運用這種「迷陣」，亦即誘導對方遠離目前談話的主題。

譬如，要拒絕對方的求婚時，由於對方態度認眞，如果據實的說明理由，恐怕只會使問題永遠無法達成結論。而且，正面地向對方表白「無法和你結婚的理由」時，就必須涉及彼此的精神內部，這多半會傷害對方的心理。因此，故意把「我要和你的結婚」的具體問題把它提升爲抽象化的結婚問題。

「聽到你的求婚我非常高興，不過，千萬不要感情用事。」

「不，我非常冷靜。」

「不是這個意思，我是想和你好好地討論一下對於結婚有何看法。」

「可以啊！」

「結婚到底是什麼？」

當把對方誘導到抽象的層次後，接著就儘量擴大這個層次。

譬如，「男人與女人的結合是否一夫一妻制最理想呢？」「話說回來，男人與女人到底是什麼？」等等。

意論學者S・I・早川把名爲「貝希」的牛抽象化成爲「牝牛」，再抽象化就變成「哺乳類」。他根據這個理論提出所謂「抽象的樓梯」的概念。

理論上「抽象的樓梯」是永無止境的。但是，任何人都知道以「貝希」這隻牛和哺乳類相較之下，哺乳類的話題範圍已經擴大了許多，所以，話題的焦點越往樓梯的上層爬就越模糊。這就是造成迷陣的緣故。

據說美國超級市場的顧客申述處理中心就經常使用類似的方法。

當主婦們對品質或價錢前來投訴時，該中心的人員會很客氣但頻繁地使用一般人所不熟悉的營業用語給與說明。他們是利用抽象的專門用語企圖升高「抽象的樓梯」，使顧客陷入五里霧中，而最終的結果當然是爲了主張商店本身並沒有缺失。

15 一再的說「傷腦筋」

●在自我的周邊設下心理的壁壘，不讓對方踰越自己的內部

有些人碰到別人有所請求時，會開口閉口就說「這很傷腦筋」。這句話似乎是隱藏著「我很想對你的請求說（YES）」的意思，不過，仔細一聽，這種人從來不會說出什麼是令他傷腦筋的理由。

雙方談論了幾分鐘之後，如果被請求者在談話中頻頻說「傷腦筋」時，會令對方因此失去耐性，而主動放棄請求。當然，這並不會傷害對方的感情。而且，最後對方甚至反而會同情自己的立場。

據說在好萊塢就有一些善於使用「傷腦筋」一詞，以巧妙的拒絕對方的著名女明星。這些女明星不但是演藝界的資深老將，在拒絕這一方面也是赫赫有名的高手。這些女明星通常是演配角的重要人才，電影公司常會把劇本寄達他們的住處。希望他們參考之後能夠答應演出。然後製片人再透過電話遊說他們參加演出。據說若是她們覺得不中意的劇本在接到電話時會頻繁地說「傷腦筋」。譬如下面的情況。

「那劇本寫得很好。不過眞傷腦筋喔！」

「那個角色是頗有挑戰性。但眞傷腦筋啊！」

「和我演對手戲的是誰？啊，是他啊！眞希望能夠和他共同演出。傷腦筋。」

「導演執意要我演出嗎？是這樣嗎？傷腦筋、傷腦筋。」

不愧是名演員的架勢，連螢幕上的演技也遜色三分。

本來「傷腦筋」之類的言辭具有在我的周邊設下心理的壁壘作用。對方將因爲這個壁壘所礙而無法進入其內部。談話時如果頻頻地使用這些字眼，這個心理壁壘會越來越堅固，最後轉變爲自我，而使對方不得不放棄說服。

而且，由於沒有說出何以令他傷腦筋的理由，所以，對方也不知道該如何消除其無法說出「YES」的障礙。甚至會令對方產生錯覺，以爲被說服者之所以不說「YES」乃是自己無法消除阻礙其說出「YES」障礙的錯失。最後，甚至反而被迫陷入必須道歉的立場。

或許對方會一再追究何以傷腦筋的原因，但總而言之只管這麼說：

「你問我到底爲什麼事傷腦筋，我也不清楚。眞是傷腦筋。」

16 把「例外」當作「一般」

●反用「一般」的說明原點，使對方失去說服的立足點

要請託人做某事時，說服者的談話中常會出現「一般」或「多半」或「任何人」「大家」的字眼。

譬如下列的說詞：

「一般的家庭現在都使用冷氣了喔！」

「司儀多半由新郎的朋友擔任。所以，請你就答應下來吧！」

「這是任何人都會有一次的經驗，試試看吧！」

因爲，說服者的理論若沒有普遍妥切性，就無法說服人。所以，這種一般化的說話方式經常會被派上用場。而且言下之意並隱含有威脅對方，如果不說「YES」會被所說的「一般」「普通」所排斥而成爲「例外者」或「特異份子」。

所以，如果無法分辨對方所說的「一般」的眞貌，即使說了「不」恐怕也難以抗拒對方的說服。因此首先必須注意的是，這些人口中所說的「一般」「多半」其實是毫無根據的基

準。所以，如果反問對方其「一般」的眞相爲何時，對方可能只會回答說「一般而言這就是一般」吧！

即使對方舉出科學性、平均的數值，但請不要忽略了其在統計上或許有問題，譬如「平均」與「最常見的例子」其實質是完全不相同的。

因此，對於對方口中所說的「一般」或「多數」，儘管舉出自己所知道的「例外」而以彷彿「一般」的事情給與反駁。

譬如，「陳先生、王小姐、林太太都說不裝冷氣」、「我的兄弟從來沒有人拜託朋友擔任結婚典禮的司儀呀！」如果把例外一般化，會使對方失去說服的立足點而不得不接受你所說的「不」。

17 以「曖昧表現」突破難關

●利用「曖昧範圍廣泛」見仁見智的言詞使「YES」「NO」模糊

世界上說話最會模稜兩可，不說是也不說不的人大概是政治家吧！因爲明白地表示拒絕、否定，會招來對方的反感，不僅將失去一名支持者，並且在以耳傳耳之下，恐怕會使他變成「不值得信賴的政治家」。若這種情況一再地發生，則他下次選舉時鐵定會落敗，而結束其政治生命。所以，對這些政治家而言，不明確地說出「NO」或「YES」，以傳達「NO」訊息的溝通手段是從實際的生活中自然習得的吧！

他們所使用的第一個方法是，頻繁地使用具有「曖昧領域」、見仁見智的言詞。如果對方以爲是「NO」，是最好不過的了，若對方解釋爲是「YES」時，則事後也可以托詞說根本沒有說過「YES」。據說這種語言的操縱是政治家們的絕活，而在國會議場的答辯中最擅長使用這個法寶的是已故的日本前首相佐藤榮作。

當時他被問及沖繩是否有核武器時，佐藤先生說：「日本根本沒有核武器。」他並沒有明確地給予否認。他的回答是這樣的：「因爲核能這種東西，說他有就有，說沒有也就不存在。」

不僅佐藤榮作如此，官僚派的政治家言論中似乎都特別偏愛這種曖昧的表現。譬如，「是的，我非常清楚地記得您所說的事。」「我們會積極地檢討」「會妥善處理」「正慎重的檢討中」「會給予考慮」……。

積極、妥善處理、慎重等語辭的解釋是會因人而異，因此，曖昧範圍非常廣闊。當對方回答說「會考慮」，到底是考慮到什麼程度呢？這一點就非常曖昧。也許對方認爲只要敷衍過當場的難關，以後則操之在己吧！

前日本首相田中角榮在上任之初提倡速戰速決的政治，以推土機般的馬力積極前進。剛開始在實行力方面的確獲得相當高的評價，但是，慢慢地就有許多人斷言說一年之後政府沒有付諸實行的事將堆積如山。

因爲田中的該政策曖昧領域太少的關係，一被追究之後就無法逃避。並且由於過分明確地說「NO」而豎立了不少敵人。因此田中後來的失敗除了跟貪污有關外，其與人溝通的方式也可以說是致命傷之一。

政治家所使用的第二個手段是故意短話長說。這種說法具有分散對方注意力，使談話內容變得曖昧的效果。這和大人聽剛認得字的兒童念書時完全無法理解的道理是一樣的。

18 在談話途中自言自語

●製造無形的個人壁壘使對方不得其門而入

獨自遊戲的兒童常會一邊自言自語一邊玩耍，不過，這時即使有旁人呼喚他，多半也得不到其回應。這表示自己正和另一個自己交談中，請不要打攪。換句話說，他正在進行自我對話。獨自玩耍的孩子藉著自言自語製造了無形中的個人空間，而在只屬於自己的世界裡悠哉自得。

當想說「NO」時，這種自言自語也具有非常大的效果。

對難以直接表示拒絕的對方，在談話的途中不妨來一招這種不經意的自言自語。譬如，如果對方是汽車推銷員，可以喃喃地說：

「聽說油費又上漲了，石油公司也眞是的。」

當然，這種自言自語多少要和談話的內容有點關係，爲了表現仔細傾聽對方談話的態度，這一點非常重要。

這麼一來，對方會受阻於無形中的個人壁壘，不得不往後退一步。因爲，對他人的自言

自語認眞的給予回答會令人感到不好意思。諸如這般，當每次談話漸入佳境時，就以自言自語終止談話。慢慢地對方會感到不安，同時對方會察覺到自言自語乃是「ＮＯ」的暗示。

當我碰到不太喜歡的朋友邀約我喝酒時，也經常使用這個手法。

「昨晚還有前晚都通宵達旦。今天晚上我老婆可又要大發雷霆了吧！」

「明天有演講，萬一喝醉就慘了！」

在談話途中頻頻地如此自說自話。結果，本來非常熱心邀約的對方可能會突然改變態度說：「今天太晚了，改天吧！」因爲，自言自語具有使對方產生言詞得不到反應的機能。

19 先說「YES」再說「NO」

●首先以「YES」挫對方的銳氣，使之失去說服的意欲

美國的消費者團體爲了不被硬性推銷不想購買的東西，發行了各種諸如「推銷員周旋法」之類的手册，內容是教導如何拒絕前來拜訪的推銷員。據說，其中以「YES、BUT」法最具效果。譬如，「怎麼樣呢？太太，這個化粧品？」「YES、BUT……」「您聞看很香吧？」「YES、BUT……」，換句話說，首先對對方的說詞表示認可，再用BUT把你的回答緩衝其詞。

如果一開始就堅決的表示「NO」時，推銷員一定會想盡辦法攻下你的防線。但是，「YES、BUT」的應對方式卻能使對方徒勞無功，剛開始的銳氣受挫，而喪失說服的意欲。這個方法，據說結果發現在實驗前同樣的推銷員被拒絕之後仍來登門拜訪的比例是百分之二十五，但是，進行這個實驗之後，再度拜訪的推銷員的比例則降至百分之八，換句話說，使用「YES、BUT」法之後，第一次前來推銷訪問的推銷員即判斷毫無希望的例子增加了許多。

任何人都一樣，被答應說「YES」總比被一口回絕「NO」的感覺要好的多。因此，爲了說「NO」必須先說「YES」使對方感到安全感。

因爲，這時的「YES」無異是能使人心接連的「心帶」。當二人的心結合後，即使後來又被拒絕時說「NO」也不會覺得生氣。所以，事先肯定對方的話然後再給予否定的「YES、BUT」法是深具效果的。

在公司與上司意見不合時，不要正面給於反駁，委婉地陳述反對意見，比較容易被對方接納。譬如，「是的，是的。您說的一點没錯。不過，如果這麼辦恐怕會遭致這樣的情況吧！我的想法是……。」

總而言之，如果對上司心存鄙視，「NO」往往就脫口而出，這種衝口而出的「NO」只會令對方感到不快，產生反效果而已。如果能夠確實地紮好心帶，才說出的「NO」，對生意人而言可謂如虎添翼了。

利用動作·態度來表示NO的方法③

雙腳併攏

雙腳併攏的姿勢是令對方感到沉悶的一種防衛性心理狀態的表示。這樣的姿勢會令對方覺得「難以親近」。

一直保持正襟危坐的姿勢

對談中一直保持挺直腰背、正襟危坐的姿勢，是在雙方之間架設非人格性的防衛壁壘，乃是傳送「NO」訊息的證據。

第二章

說「NO」而不使對方不快的技巧

●「既然如此爲我著想，被拒絕也毫無怨尤」

【本章的重點】如何消除被說「NO」的排斥感

同樣是「NO」，不同的說法會給對方不一樣的感受。言詞不當時會招惹對方震怒，說不定還發展爲殺人事件，即便是知己好友或長年交往的顧客也可能因一個不當的「NO」而彼此斷絕關係。相反地，有的人卻因爲對方坦然地說「NO」，而與之成爲莫逆之交。

同樣是「NO」卻有如此大的差異，乃是因爲聽受者所感受的排斥感有強弱之別。爲了不讓對方感到不快並坦率地接納「NO」，其先決條件就是消除這種排斥感。

緩和對方排斥感的第一個原則是和對方保持心理上的距離。這和物理上的距離不同，當兩個人即使比鄰而坐也可製造距離甚大的心理距離。如果不製造疏遠的心理距離，就無法產生巧妙的說「NO」而不致使對方感到不快的狀況。

這時，遣辭用句是非常重要的關鍵。有效地利用敬語和堅持一成不變的說法可以在雙方之間製造一座無形的壁壘，把彼此的心理距離拉遠。

緩和對方排斥感的第二個原則是「NO」，必須刻意地製造隨時要說「NO」的「心理準備」。同時，也必須製造讓對方有接納「NO」的「心理準備」。

在心理學上稱此爲 Mental ・ set，藉著雙方的 Mental ・ set，才能讓被拒絕者覺得「既然這麼說也沒辦法」，而坦率地接納「NO」。

緩和對方排斥感的第三個原則是做好說「NO」之後的附屬工作。如果是車子的售後服務不良，會使人對車子本身產生不良印象。

說「NO」時也是一樣，如果在事後沒有妥善處理，會傷害到對方的感情。不過，重要的並非在說「NO」之後才考慮如何善後，而是在說「NO」之前，早就顧及到事後處理的問題。這和人際關係中的體貼心理有非常密切的關係。

說「NO」而不使對方感到不快絕非技巧上的問題而已，追根究柢乃在於說「NO」時是否是「誠心誠意」。被人說「NO」而會感到不愉快乃是缺乏對對方的「共鳴」的關係。這裡所謂的「共鳴」，是指將心比心去理解對方，所以，「共鳴」是說服的第一大原則。

20 絶口不提對方的名字

●使用非人稱的稱呼法，與對方保持一定的心理距離

一般認爲想要與不太親密的他人儘早建立友好關係，最好的方法是在談話中頻頻地稱呼對方的名字。從這一點看來，受職員敬仰的董事長或深受學生們歡迎的老師，似乎都是能一次就記得對方名字的高手。

這也是集團面試（Group・pinterviewer）調查中必須遵守的原則。

所謂集團面試是就業考試經常使用的面試技巧，其形式是一名主考官面對五、六名應徵者。五、六名應徵者成圓環狀坐在主考官之前。在應徵者的坐位前擺著各人的名牌。這就是主考官的特色，面試者看著各人桌前的名牌，在發問時開口閉口一定稱呼對方的名字。

「那麼，陳先生，對於這一點你認爲如何？」

「王小姐的意見呢？」

「林先生，那麼你認爲如何呢……？」

諸如這般的情況，被稱呼名字的應徵者和主考官之間的心理距離急速的縮短，因此，在

發表自己的感想、意見時就不會緊張。如果對方是男性又比自己年輕時，在適當的時機把「先生」轉變爲「兄」時，效果倍增。藉由這個方法主考官可以更了解應徵者的眞面貌，這乃是集團面試的重點。

那麼，該如何把這個方法應用在拒絕他人的情況呢？由於與對方的心理距離越接近越難以說出「NO」，所以，絕對不可稱呼對方的名字。即使對方爲了誘導你說出「YES」而頻頻地稱呼你的名字，你也要絕口不稱呼對方的名字。

在商業界初次見面的人都習慣彼此交換名片，而多數人接到名片後會放在眼前再與對方交談，這是一種商業禮儀。

而面試中稱呼對方的名字也有使談話順利進行的效果。所以，若是想要拒絕的人，可以不交換名片，或即使接到對方的名片也視若無睹，這個方法非常有效。有些人拿了對方的名片後立刻放入口袋，或顯出相當困惑的表情，這大概也是有意傳達「NO」的意思吧！不稱對方的名字而使用「這位先生」「那位先生」等非人稱的稱呼法，與對方保持心理上的距離，效果更加良好。

因爲，這些非人稱的語詞是表示不承認對方人格的態度。

21 刻意頻繁地使用過甚的敬語

●使用敬語、客套話讓對方意識到他是「他人」

一位多年從事不動產業的友人說：「生意是否談成只要根據看過土地或房屋的顧客的電話內容就大致可以判斷。」

據說多數的顧客看過所介紹的不動產後，回去前會說：「讓我們仔細商量後在給您電話吧！」而老練的仲介業者只要從後來打來的電話中的口聞就能輕易的了解顧客的意向。如果是ＯＫ或可能達成交易的回話時，電話中會說：「剛才那一件事……」等帶有令人感到親切的語調。但據說如果是打算拒絕的顧客，一定會使用敬語，把話說得非常客套。如果聽到對方說：「剛才承蒙您介紹的那件不動產……。」這位經驗老道的朋友立刻就得知這筆生意是毫無希望了。

敬語是陌生人之間的語言。他是反應「人與人之間的身份關係、勢力關係、親疏關係」的語言，使用敬語會擴大雙方之間的心理距離，並可以暗中傳達拒絕對方的態度。所以，如果再三地使用敬語或客套話會令對方產生「會被拒絕」的預感。換句話說，可以形成「接受

NO的心理」。這和被請託者所表現出來的拒人於千里之外的態度相輔相成之下，就具備了拒絕，即說「不」的條件。

據說在家庭裁判所中離婚協調席上的夫婦，會頻繁地使用令人感到生疏的敬語。譬如，對妻子、丈夫的對方說：「這位先生這麼說……」之類，有許多聽起來非常不自然的對話。這也是利用敬語在雙方之間建立心理距離，彼此排斥的一種情形。

偶然在巴黎時曾經從邂逅的女性口中聽到類似的牢騷。

「要嫁法國人爲妻可得要好好考慮。我丈夫把我介紹給他的家人時，他的父母稱他爲TU或TOI，但是，卻只叫我VOUS，即使經常和他們見面，仍然不改這樣的稱呼法。」

法語中第二人稱單數的代名詞有兩種。英語只有YOU一詞，但是，據說法語中對於親密的對方稱TU（TOI），但對於其他的對方則使用VOUS一詞。

這名女性從婆家對她所使用的敬語中察覺到自己一直在被當外人。因爲，這位女性雖然是身爲其家庭中的「媳婦」，卻因爲其家人老是對她使用敬語，而直覺地感到不被接納爲家庭中的一員。

22 把「NO」的理由推託給諺語

●利用大家都熟知的諺語讓對方直覺地理解到「NO」

有一位不論如何一概拒絕借書給學生的老師。其理由是學生常借書不還。爲了避免研究上的困擾，這乃是出於自衛不得已的措施。而他拒絕學生時所慣用的說詞是：「我是很想借，不過，不是有句俗話這麼說：『借書的傻瓜，還書的傻瓜』。所以，很對不起我没辦法借你。」

據說，幾乎所有的學生聽了這些話都能理解而主動打退堂鼓，由此可見諺語的威力可眞不同凡響。的確，可說是人類智慧結晶的諺語正因爲在漫長歲月中千錘百鍊而傳承下來，所以，含有衆人所共有，並且已經了解的眞理。而具有無法輕易否定的份量。再加上諺語所具有的簡潔、完整的文句結構，不必費盡唇舌也能令人一聽了然。同時，能斬釘截鐵地下判斷也是諺語所具有的威力。

從這一點不難了解，與其耗費唇舌百般解釋「NO」的理由，一句適切的諺語才是最有效的註解。而且，既然是彼此所了解的共有財產如此地判斷，被拒絕的對方也不會因此而感

到不快，的確是非常便利的拒絕武器。眞不愧爲心理學家才能想出如此巧妙攻略人心妙法。

讀者們是否也應該預備幾句諺語以供不時之需！

譬如，當朋友向你借錢時，「借人錢前比立於敵人之前更危險」「借錢得利、借人錢失利」等，就是最便利的拒絕法了。

另外，當上司硬逼著你和某某人相親時，可以舉出古諺說「姻緣天註定、半點不由人」，也可以運用這類把自己貶低的手法。而對於迫切想要回答的對方，似乎也可以用「欲速則不達」這句諺語給予反擊。

20 使用刻板的言詞

●利用公式化的言詞斷絕對方的期待

一到應徵的季節，令各個公司感到爲難的事情是向應徵者寄發不被錄取通知。面對特地撥冗前來應徵的人，公司方面也想多少給予回饋。但是，不合格畢竟是不合格，如果表現出曖昧不明的態度反而會給自己添加麻煩。因爲，如果讓應徵者帶著無法履行的期待，說不定會爲了想探知實情而三番兩次的大打電話查詢，甚至要求再次面試。

因此，據說多數公司的人事部對於不錄取通知多半使用印刷品，而且使用的文面也非常刻板。這從心理學的觀點來看有其根據的。換言之，刻板型的言詞一方面表示尊重對方的心情，實際上卻具有非常公式化、無差別待遇的透明性質。而這種性質非常吻合不錄取通知的條件。因爲，一方面用客套的言詞回應前來應徵者的好意，另一方面則以公式化、大公無私透明的表現斷絕應徵者的期待。

相反地，所謂不恰當的不錄取通知是指使用冷酷無情的言詞及煽動性的（Emotive）的言詞所寫成的。冷酷無情的文面會給對方感到不快，而煽動性的言詞卻予人親密感，恐怕造成對方的期待。

「這次承蒙惠予應徵，在此特表謝意。經過慎重審議的結果，很遺憾的是您不在錄取之列，所以，以此文通知。祝您健康愉快。」

「您在敝公司的應徵考試中不獲入選，在此通知。」

「非常感謝您這次參加敝公司的職員應徵。對於您的好成績敝公司也感到非常的可惜，不過，這次的錄取暫不發表。我們想以後還有機會，敬請原諒。」

比較上述三個不合格通知文面，其間的差異一目瞭然吧！第二封過於冷淡，第三封則有太多的煽動性表現譬如「好成績」「遺憾」「總有機會」等等，很容易讓應徵者產生錯覺，以爲再加點功夫就能獲得錄用。

而第一封的文面中有「慎重審議」、「遺憾」、「健康愉快」等刻板的文句，正好矯正這兩者的過與不及。除了不合格通知書的書寫外這個手法當然也可廣泛地適用於任何必須說「NO」的場合中。

24 以「吉凶之兆」爲藉口

●提出「超現實」的理由使拒絕的行爲正當化

在心理學或精神分析上常會出現所謂的防衛機制（Defense Mechanism）。這是指把自己不安的精神狀態以其他理由尋求合理化的一種心理結構。同樣地，一般人所以在意運勢或吉凶之兆，也是爲了要使將要崩潰的精神保持平衡，以順應狀況的一種機制。

本來所謂的「吉凶之兆」是佛教用語，是表示所有事物的起源，而運勢是指受制於某超現實的主導者的狀態。這兩者都非常曖昧不明，也正因爲如此，故可以做爲使自我行爲做爲正當化的理由，隨時都可輕易地運用。

在拒絕他人時，應用這個手法也可避免傷害彼此的和氣。譬如，對不表興趣的婚事表示拒絕時，可以這麼說——

「我們家世世代代都信奉『易經』，有關這次的婚事我們請教了風評甚佳的易學者，據說雙方的個性合不來。」

換句話說，以個性不合爲推辭的理由。其實，個性合不合根本沒有理論上的根據。這一點非常方便，任何人一聽說非常在意個性合與不合時，彷彿被一股無形的魔力操縱著一般，連聽者也在意了起來。即使不迷信的人，也會認爲既然屬性不好也不必過分強求了。

於是對方就不再堅持。而自己也可以把自己的行爲解釋爲「與其明白說出不中意的理由而傷害對方，不如託詞爲屬性不好的關係」，不但不會留下拒絕後的尷尬，雙方的關係也能圓滿收場。

這些都是防衛機制的功能，爲了保持自己精神上的平衡，被拒絕時的懊悔、悲傷，拒絕時的歉疚等情緒都可一筆勾消，世上大概沒有比這更便利的方法了。

據專門向人推銷物品、千方百計不讓對方說「NO」的推銷員指出，最不容易接受誘導而說「YES」的人是「滿口吉凶之兆的人」及「在意運勢的人」。對這種人即使好話說盡也難以接近。因爲，說「NO」並非當事者，而是某種曖昧不明的東西，你根本無法與之一決勝負。

最近甚至有人指稱是「神的告示」連神明也抬舉出來。一般爲了讓對方說「YES」會假借神明的力量，但是，如果碰到對方也以神明來回應時想生氣也無從發怒。當然，被抬舉出來的神明如果看見雙方能圓滿收場，也許不會發牢騷吧！

25 開口閉口就說「反正」、「還是」

●使用思考放棄語、判斷終止語以推翻對方的論點

會話中常可聽到「反正……」「還是……」之類的語句。這些語句實在是非常不可思議的。我有一位住在檀香山的朋友曾經說，要把「反正」和「還是」這兩句語詞翻譯成英文幾乎是不可能的，可謂語詞的雙璧。

爲何無法翻譯？大概是因爲他們都是屬於「思考放棄語」「判斷終止語」吧！「反正」的原意是「反正什麼都行」，其應用的範圍非常廣泛。所以，是個非常便利的語詞。

譬如，「反正」一詞是歌謠之中常用的語詞之一，這和該語詞的性質多少也有關係吧！譬如，「反正是撿來的戀情……」「反正我們都是孤獨的人……」等等，這些都可以說是表示「判斷終止」的思考法。

或者也可以說是斷絕「過去」，同時一旦摒棄對「未來」的展望吧！

在說「NO」時若能巧妙地運用這類思考放棄語，就可以使對方放棄說服。因爲，這些語詞可以完全無視於理論，所以，即使對方引經據典說出一篇堂皇的大道理，你卻只要憑著

一句「反正我是辦不到」，就可以把對方所有的努力化爲烏有。

而且，這句話似乎是女人的愛用語，譬如，「反正我是傻瓜，所以不行啊！」等等，各位若是已婚者就能明白在夫妻吵架時這些語詞的功效有多大了。同時，它還具有終止議論的優點。

這種情形則以「還是」一詞較能發揮效力。譬如，「再怎麼說，還是不行的」等等。

26 在推辭中千萬不要給對方有機可乘

●以「不會」「不要」等單純的論理消除對方的乖機而入的機會

在談及「NO的說法」或「拒絕方式」時，一定被引以爲例的是推銷員。而在報紙的投書欄中也常出現不知如何擺脫推銷員的話題。

某報紙由於刊載這類投書而獲得許多迴響，於是出現了許多如何應付推銷員的對策，其中似乎以「利用遁詞」的例子所占的比例最多。所謂「遁詞」和「託詞」是同類，換句話說，是以當場所想到的藉口逃避對方或所面臨的問題的方法。這看起來似乎是最簡便的「NO」的說法，不過，到底是怎麼回事呢？

根據從事推銷教育的人指出，推銷員手册上的內容，據說針對這種遁詞所採取的反擊也非常簡單。因爲，所謂遁詞只不過是當場臨機應變的一種想法，攻擊的一方只要懂得下面的要領，立刻能夠給予反駁。

首先，說遁詞時的心理由於缺乏毅然決然的理由，內心都半猶豫不定。譬如，前去推銷頗能博得女性歡心的服飾或便利的家庭用品時，瞥了一眼後卻說「現在沒空」或「沒有錢」

等遁詞，推銷員卻已經看穿這些語詞中所隱藏著的慾望。

因此，會換開玩笑地說：「沒關係我稍微等一下好了。」或「不過，您都已經出了門來，應該有空了吧。」或客氣地說：「錢以後再付也沒關係喔！」

由於這些遁詞並沒有太大的理由，所以，聽推銷員這麼一說顧客就找不到適當的詞句，內心的慾望乘勢抬頭，終於陷入對方的遊說之中。

同時，由遁詞多半是一種小謊話，這也是造成讓對方趁虛而入的原因。換句話說，當被對方緊逼不捨時，謊言露出破綻後，可能招致被迫陷入無法後退的狀態。隨意捏造的理論根本無法抵擋有備而來的進擊者。

從這一點看來，這種應付推銷員的代表對策的遁詞，反而給予對方乘虛而入的機會，而難以說出「NO」。爲了避免這種情況，不要使用隨意捏造的理論，而以「價錢太高」「不喜歡」、「不要」、「不會」、「不方便」等單純的理論貫徹始終，反而容易誘導出「NO」的結果。

27 用不合道理的道理混亂對方的思緒

●故意舉出以自我中心的理由，使對方失去說服的線索

有一句俗話說「哭泣的孩子與莊園的地頭最難纏」。當孩子嚎啕大哭時，除非任他如願以償否則哭鬧不休，而莊園的地頭由於擁有強大的權力，即使被壓迫也不敢稍有微詞。換句話說，這是指這兩者你再怎麼對之據理力爭或苦口婆心地說服也無法奏效。

說「NO」是想排除對方的說服，所以，這句俗話正隱藏著非常恰當的暗示。換句話說，當對方想要以道理遊說時，如果也反過來以理論與之對抗，結果則變成理論優劣之爭，所以，會被在論理上做了周全準備的對方掌握了談話的主導權，因此，就把自己當做是不講道理執拗不過的「哭泣的孩子與莊園地頭」。

也許要變成擁有龐大勢力的地頭並不簡單，不過，任何人都輕易地可以變成「哭泣的孩子」。像鬧彆扭的孩子一般賣弄非理論的理論，使對方失去根據理論說服的契機。這可以說是刻意地利用心理學上所說「退化現象」的方法。

任何人當無法以正當的方法消除某種慾求不滿時，有時會使自己退化到任何要求都可獲

得應允的幼兒期，或幸福的時代，藉此以滿足其慾求。稍微長大的孩子當父母不買給他想要的東西時，會倒坐在販賣部之前揮舞著手腳不停地嚎哭就是其中一例。這是把自己返回到任何要求都可以得到應允的嬰兒時代，藉以博得父母親的關心。

這種退化現象的特徵是很明顯地表露出幼兒所具有的自我中心性。因此，這和要對他人之言充耳不聞、不聽從說服的說「NO」的技術有所關連。

根據以上的分析，各位已經能夠清楚地明白使自己成爲「哭泣的孩子」到底是怎麼回事了吧！只要儘量地發揮自我中心性，刻意地編造些以自我爲中心、不成理由的理由就行了。譬如，「因爲不要所以不要」、「因爲討厭所以討厭」、「因爲不會所以不會」之類完全在自我中心繞轉的循環論法就是其中一例。另外，當被要求處理鄰里等公共事物時，可以說些與依賴事項的內容毫不相干的個人感想或心情，以不成理由的理由給予回絕。

譬如，「快要春天了。春天就不行了。」等等。由於對方無法從這些理由中找出理論上的關連，而無法獲得說服的機會，於是不得不只好放棄。

利用動作·態度來表示NO的方法④

禁止伸手觸摸桌上的東西

不伸手觸摸對方所拿出來的茶水或食物，是避免與對方做間接接觸。拒絕接納對方的訊息。

用手指不停地敲擊桌面

談話中用手指或原子筆不停地敲打桌面的動作是表示「對你的說詞很不表同感」的訊息。

利用動作・態度來表示NO的方法⑤

用手掩住口

沉默不語用手掩住口的動作是表示「不想和你談話，請趕快離開」的心理狀態，是拒絕與對方溝通的訊息。

用手撫摸鼻樑

當不得不與討厭的人交談而想要儘快結束談話時，用手不停地撫摸鼻樑正是表示這種否定訊息的動作。

28 此起彼落地說「NO」

●分散「NO」而累積「NO」的效果

拳擊賽的個中妙味全在於一拳擊倒對手的KO（Knock-out・scene）鏡頭。重量級的比賽之所以比輕量級更引人入勝就是這個緣故。不過，對熱衷此道的瘋迷而言，即使沒有KO鏡頭，拳擊手雙方你來我往的拳擊應酬，一步步地將對方逼進窮途末路的緊湊感也是拳擊賽扣人心弦的精采之處。

在對手身上累積得點的打擊，漸漸地消耗其體力後再從中奪得勝機的拳擊高手，彷彿是覬覦獵物的獵獅一般，其勝率也較高。

聽了這番話，我發覺語言的拳擊也是同樣的道理。雖然一開始即毅然決然地拒絕對方，使對方飽嚐一記冷拳而被KO的方式是深具效果的，不過，事後難保不會留下疙瘩。善於說話術的人絕對不會這麼做。

他們會在談話的過程中無數次反覆地給予對方輕度的「NO」的打擊，慢慢地把對方逼進絕路。如果一開始即不停地反覆「NO」「NO」，可能會因爲過度耗費體力而被擊倒在地，等比賽完畢後才發覺自己竟然說出了「YES」。

這種比賽中的策略運用依心理學的觀點來看是有充分根據的作法。根據學習心理學的研究，據說人的學習能力較偏向於分散學習。在應付考試時，短時間集中精神地用功，譬如通宵達旦熬夜苦讀的效果之所以不佳，乃是因爲違反了學習能力之道。

換句話說，分散而反覆地學習比一次集中學習的效果要好，也比較容易記在腦海裡。從讓受驗者記憶毫無意義的語詞實驗中，也證實了間隔時間分段的記憶比集中於短時間的學習所獲得的效果較好。

說服時也是一樣。從前在英國有一名政治家雖然並非叱咤風雲的人物，卻受到選民熱烈的愛戴。據說他的口頭譚是「Is that all right？」（那件事OK嗎？），當他爲了將選民的陳情法案化而說服其他議員時，談話中頻頻地反覆「Is that all right？」。當對方一臉莫名其妙的表情時，就說「你忘了，是那件事啊！」結果多半使對方不得不說「All right」，而通過了法案。

這個手法對於拒絕會糾纏不休的人最具效果。只要在會話中此起彼落的夾雜著說「NO」，在對方的內心就慢慢地累積「NO」的效果。

29 讓對方先嚐一嚐先發制人的「NO」

●反射性地說「NO」以壟斷對方的侵入

當人表示拒絕時多半並沒有確實地理由，而只是反射性地說「NO」罷了。實際上是否因爲想不出拒絕的理由，而不得不反射性地給予回絕，或雖然有理由卻懶得說明則不得而知。

不過，根據資料顯示反射性地拒絕的例子所占的比率最高。這同時也暗示了在各種拒絕的方式之中所達到的成功率最大吧！

這一點也暗示了人在說「NO」時，時機是非常重要的。換句話說，說服的重要條件之一是必須能夠掌握住與對方談話的良機，所以，如果能夠「反射性地」說「NO」而不給予對方搭訕的機會，就是有效的阻擋對方的侵入武器。

因爲是一種「反射性」的動作，根本不必在意「理由」。不，應該說是不可以考慮「理由」。

總而言之，必須迅速而徹底地利用周遭的人事物。如果你是男人，首先可以運用的是以妻子爲理由。反射性地脫口而出的話當然是最切身的人事物最恰當了。

譬如，「太太不在，我不太清楚。」之類的說法大概是最具代表的吧！如果妳是女性當然就可以說「我先生不在……」。

一位在保險公司擔任地區營業處處長的朋友說，他還碰過以「天氣」爲由表示拒絕的客戶。對方開口就說「天氣不太好。所以心情不好。下次再來吧！」據說當時所承受的打擊使他至今仍然難以忘懷。

其實與其苦思竭慮說些不足爲信的遁詞，倒不如反射性地說「NO」給予對方打擊，從而奪取說服的契機。可以利用這個方法發揮的場面可不少。

各位也許有這樣的經驗吧！向餐館訂購的麵食遲遲未來，打電話催促時，很巧的是對方回答說「現在剛送出去」。其實負責外送的小弟還在店裡，但是，顧客聽此一說認爲反正就快到了，也就不發牢騷安靜地等候。但是，過了十分鐘後仍然還未送達，於是再打一通電話催促，所得到的回答仍然是「現在剛送出去」。

向不動產業者的推銷說「NO」時，「現在剛簽下一棟房子的契約」這句話就足以讓方退場了。

30 反覆地作部份否定

●反覆地以部份否定給對方刺激，從而奪取反駁的根據

據說有一道固若金湯的堤防抵擋著好幾萬噸的水壓，但是，後來卻是因爲一個螞蟻洞而被崩潰。這是因爲最初只不過是從洞穴中溢出的水，卻由於不停地侵蝕堤防的側壁，在動力加速度的侵蝕使螞蟻洞漸漸擴大，終於變成廣大的決裂口，於是怒濤洶湧般的水流就奔瀉而出。

說服與暗示的技術中也有與此類似的方法，稱爲「部份刺激」。換句話說，即使是百攻不破的人，只要能從他身上發現某個弱點，就徹底地從該弱點上進擊。堅定不移的信心會因爲一個小洞反覆地受到刺激而崩潰。

譬如，要攻佔一名不見得美麗的女人的心扉時，只管針對其身體中的某一個部位竭盡所能地反覆讚美。譬如「妳的嘴型非常漂亮」、「妳的嘴令人著迷」、「妳的嘴型和某某女明星一模一樣」等等。結果，她從這些話語中會得到暗示，漸漸地以爲自己整個人都受到讚美，而敞開心扉接納對方。

這個方法也可適用於說「NO」的技巧。換句話說，面對以整體而言幾乎不可能接受「NO」的對方時，藉著反覆的「NO的部份刺激」就可以否定其全體。

譬如，要圓滿地擊退朋友介紹而來的推銷員，或糾纏不休的拉保險者，可以採取從閒話家常中找出某個否定性的要素，在這一點固執不移的作法。

譬如，當話題轉爲「您非常年輕……」時，不論對方說什麼，經常繞在年輕這個話題上反覆作部份刺激。譬如「銀行裡也沒有存款……」「父母還健在……」等，這些話題雖然和對方所談的內容不同，卻始終反覆地對要拿出錢投保的事給予否定的刺激。

尤其是當對方的說詞中隱藏著否定的文脈時，譬如說「雖然對您太太有點不好意思，今晚我們去喝兩杯吧！」「雖然價錢有點昂貴，不過品質卻很好。」「我曉得您很疲勞了，不過希望您能留下來加班」等等，就緊緊抓住其否定意味中的事項做爲反擊。

譬如「就是啊，我那老婆可囉嗦得很……」「嗯，價錢實在太貴了」「正如你所說的，我非常疲倦……」，始終固執這一點而反覆地做否定的部份刺激。這麼一來，由於這乃是對方也認同的事實，於是迫使對方失去了反駁的根據。

31 截斷對方的談話而一一給予否定

●斷絕對方談話中的連貫性，不讓他搭上心靈之橋

徹底地拘泥於某個否定性的條件，利用否定型的部份刺激以擊退對方的「NO」的說法，若是「一點突破式」的作戰方略，那麼，截斷對方談話的連貫性，而一一給予否定的策略則可稱爲「分段式」的「NO」作戰。

譬如，訓練有素的推銷員當顧客打開門的霎那，計畫周詳的說服術就紛紛出籠。這些說服術多半是藉由數個語詞的連貫，誘導聽者的心理轉向自己。所以，在其誘導效果尚未發揮之前，就要設法斷絕推銷員談話的連貫性，而一一給予否定。

有一次，寒舍來了一位一看就知道是推銷員的訪客。對方態度認眞，所以，如果有充裕的時間倒很想與他閒聊幾句，但是，不巧的是太太不在，而且我也正在趕著一份將要截期的原稿。正覺得困擾時，對方突然發覺門口擺放的高爾夫球道具，於是刻不容緩地說「您大概……（打高爾夫球吧）」。

由於事出無奈，不等他說完中途就截斷對方的話語，「不，那是太太……」「喔，您太

太也打高爾夫球實在太好……」「才不是呢！整個家都不管……」、「這麼悠哉……」「不，可忙的很」、「那麼，五分鐘……」、「喔，不是早就過了嗎」，這麼你來我往之下，雖然內心覺得過意不去，卻也讓那名推銷員吃了閉門羹。

站在說服者的立場，當然想與對方架上心靈之橋。「您似乎喜歡高爾夫球」「嗯，玩玩而已」如果有這樣的對話，早已被他架上心靈之橋了。

如果對方再套交情地說：「球術呢？」「會員全是些什麼人？」就完全操在對方的掌握之中了。爲了避免陷入這種狀況，首先必須將對方想要搭建的心橋給予粉碎。

32 質問只能回答「YES」的問題

●讓對方進入自己的掌握中以剝奪其對「NO」的抵抗力

人往往會因爲彼此關係過於親密，而有些話說不出口。譬如，因爲幾十年來的老交情，碰到對方某些難以令人忍受的怪癖也不敢正面給予指責。這些怪癖有大有小，舉例而言，有些人喜歡邊嚼著東西邊說話、有的人則滿嘴口臭，而有的人借了東西或金錢就不還，關係越親近的人越不敢坦然地告知對方其他人對他的風評。

我們姑且把這種現象當做是和諧（Rapport）過剩狀態所引起的一種現象。換句話說，由於連接二人心靈的心帶過於緊密，會令人錯覺地以爲否定對方等於否定自己，而造成自己無法率直地拒絕對方。這個原理應該是指如果自己永遠是處於被動的立場，就陷入難以說「NO」的狀況。

但是，反過來說，如果自己能夠刻意地操縱對方的心理，引導他進入和諧過剩的狀態，就可以利用這個原理拒絕對方的要求。

這個方法的奧妙之處是藉著刻意地讓對方說「YES」，拉進彼此之間的心理距離，使其陷入和諧過剩的狀態。而剝奪對方想要繼續抵抗的意識。

爲了利用這個封口法以達到說「NO」的目的，事先必須有所準備。首先準備幾個可以令對方必定說「YES」的問題，間不容髮地連續進擊。

如果能夠讓對方隨聲附和說「果然不錯」、「正如我所想像的」或「你也這麼想吧」時，效果更高。當如此追擊之後，最後迅速地收場說：「那麼，再見。」由於對方處於和諧過剩的狀態，應該找不到反擊的機會。

對陌生的對象的推銷員最常用的行銷法是親切地打電話訪問。不過在早上繁忙的時候卻打電話來推銷，這種人的腦筋委實令人懷疑，但是，會出此高招的推銷員也不是省油的燈，並不會輕易地就下台一鞠躬。

這時，運用使對方和諧過剩的策略比較有效果。譬如，「啊，您好，承蒙您的照顧……」在電話中也刻意地表示親切。

據說某企業經營者命令其家人當自己不在時，任何人接電話都必須特別地親切有禮。因爲，對方也許是重要的客戶，而如果素昧平生的推銷員也被認爲是重要的客戶時，過分的禮遇也會令他想趕緊掛斷電話吧！

33 借用對方的理論

●以對方的理論封鎖對方的說服

有一次某公司來邀請我去講課。當時我還有其他許多必須同時進行的工作，在這樣的狀況下不得不要給予回絕。所以，雖然我瞭解工作內容後覺得非常有興趣，但是，我打算基於工作太忙的理由拒絕這份工作。

可是，該公司的負責人聽到我的回絕之後，如此地回答：

「正因爲如此所以才想麻煩老師您！」

我聽了這句話後霎那間不知所以。我以爲也許他對於我覺得有興趣這一點給予過高的評價，於是我又說：

「不，雖然我有興趣，但是工作實在太忙了……」

但是，他卻這麼說：

「正因爲是繁忙的老師，我們才認爲唯有您可以應付這方面的工作，而且把工作儘早完成。我們從來不麻煩不忙碌的老師。」

這實在是非常巧妙的奉承，而事實上我的反論的根據也因此而動搖。這一點從我不得不接下這份工作的結果就可獲得證明。

也許有人對於如何說「ＮＯ」的書本上卻提出無法說「ＮＯ」的例子感到懷疑，不過，這個論法也適用於說「ＮＯ」的狀況。

換言之，是利用對方的理論去封鎖對方的說服。當對方說：

「難道不能委屈求全受我們的拜託嗎？」

就反問說：「既然是委屈求全難到不能麻煩你就此告辭嗎？」

不論如何只管以對方的說詞給予反擊。

34 讓對方把想說的全說出來

●讓對方感到暢所欲言的滿足感，消除其被拒絕的責任

哥德的小說『少年維特（Werther）的煩惱』的主角維特因爲失戀而自殺。維特因失戀而自殺的心情並不難瞭解，但是，並非所有失戀的人都會自殺。大多數被拒絕愛情的人，雖然內心遭受極大的創痛，最後還是會放棄。而這時他們多半以某種理由叫自己死心。譬如，「幸好沒上那種女人的當」或「反正是高攀不上」，理由不一而足，不過，很明顯地這些理由本身根本不是問題。

這是心理學上所說的「合理化」（Rationalization）的結構。是屬於防衛機制的一種，人爲了迴避不安，會以各種理由使自己感到平靜。

在伊索寓言中，那隻摘不到葡萄吃的狐狸憤恨地說：「那個葡萄太酸了，不能吃。」可以說就是爲了使自己信服的一種合理化的典型。

總而言之，利用合理化把自己能力不足的責任轉嫁在其他事物上。即使失戀也能藉此預防自己把自己逼向死路。

巧妙地說「NO」的要領之一是，利用這個合理化的結構拂去對方會因爲被說「NO」而感到的不快。

爲此，必須讓有所求的對方把想說的話全部說盡。換言之，讓對方體會徹底地把你趕盡殺絕的情緒。這時，你必須表現出一副被對方的熱忱所感動的樣子。不過，必須保留決定性的回答。然後數天後再拒絕說「我想了許久，還是無法答應。眞對不起。」

運用這個方法可以令對方感到盡其所能的滿足感。因此，會覺得自己已付出了這麼大的努力卻還是被拒絕了，其責任應不在己。

這種心理必然會使他朝向把責任轉嫁給拒絕者的方向。譬如，認爲對方是「不明理的傢伙」。如果對方如此認定時，就不會感到被拒絕的不快了。所以，若能巧妙地使用這個方法，被甩了的男人對於對方的女性會覺得「是個很好的女孩，但是與我無緣。」而始終對她帶著好感，同樣地，你也可以在不傷害對方的自尊下圓滿地把事情解決吧！

35 給對方某些補償

●利用並不重要的補償品彌補對方的失望感

即使是親密的關係，當有所請求，或拒絕請求時，爲了讓對方認同自己的意志，常會約定給對方有所補償。譬如說「請您務必諒解吧！以後我會設法給你補償的。」等等。

這種情況下的補償品多半不太重要，不過，在心理上這種「補償」卻是能夠充分地發揮效果的方法。

譬如，以各種說話術的著作而聞名的美國人際關係研究家迪爾·卡內基也曾介紹過這樣的例子。他有一位各地都競相邀約去演講的學者朋友，據說這位學者碰到在情理上難以推辭卻不得不拒絕的演講時，總是採取這樣的方法。

首先它會老實地告知對方說：「很可惜，我騰不出時間來。」接著立刻推薦其他的演講者。然後他必定還會附加一句說：「如果是××先生應該比我更適合吧！」

至少有三點可以說這是非常卓越的說「NO」的方法。

第一點，說「NO」之後立刻給予「補償」，因「NO」所產生的不滿、失望獲得了補償後，對方的關心會轉而朝向該補償品。如果在此又能立即針對該代替物給對方適切的情報，則效果更佳。

譬如，若是演講的代打者，可以介紹對方的聯絡住址或介紹者、所專長的領域等等，可能的話自己最好是該介紹者。

第二點，由於已經確定並非有其他意圖而拒絕，並保持著協助的姿態，所以，可以讓對方感到自己的誠意。換言之，在不傷彼此和氣的情況下圓滿地傳達了自己的意志。

第三點，從必須考慮到代償而給對方拒絕這一點看來，一定有迫不得已的原因在，因此，更增加了對「ＮＯ」的理由的信服性。

而且，如果能夠說服對方使對方發覺代償物比現在的要求更能給予對方滿足時，拒絕反而會有令人欣喜的結果。

這時必須留意的是，雖然可以吹捧自己以外的代打者，卻絕對不可將自己貶低。因爲，「我根本不適合，他比較合適。」之類的說詞恐怕會被人以爲這是有某種其他意圖的託詞。無論如何必須採取自己很願意給予協助，但是，情況卻不容許的一貫態度。當然，除了可以利用代打者做爲補償之外，考慮其他可以協助對方的事物也是方法之一。

36 誘導對方說「NO」

●利用對方對「NO」的固執，使對方理解彼此的觀念不同

蘇格拉底是至今對全世界人類仍有重大影響的希臘時代的大哲學家，同時在說服他人的手法上也頗負盛名。

據說他無論面對什麼樣的人絕對不指責對方的過失，他總是接二連三地提出使對方不得不說「YES」的問題，不知不覺中剛開始否定的問題也令對方答稱「YES」。這種說話術也被稱爲「蘇格拉底式問答法」，是說服術上的一個重要的手法，不過，如果反用這個手法則變成極爲有效的「說NO的方法」。

「蘇格拉底式問答法」是首先與對方搭起心靈之橋後再進行說服。而想要說「NO」時，則假設否定的和諧狀態。如果能讓對方頻頻的說「NO」，等於是不停地強調彼此的行事方針完全不同，這時自己說出「NO」時，由於對方已經有感彼此觀念不同，自然能夠的信服。

有關這一點，日本作家故山本周五郎先生留下了一則有趣的軼事。某出版社的新進職員

前來邀稿時竟大放厥詞地說：

「我何其幸運地不論向那個前輩邀稿，只要說出出版社的名字，多半二話不說就答應了我的邀稿，所以，從來沒有爲執筆的交涉傷過腦筋。這一點我眞是太幸運了。」

據說山本先生聽了這番話後，搖搖頭平靜地如此訓示對方。

「這就不對了。我在年輕的時候也曾經擔任過編輯者，不過，那是家小出版社，所以經常邀不到稿。那時，我總是下定決心無論如何也要說服那些頑固的作家，好幾次我死求活賴終於讓對方點頭答應。當時的暢快感可以說是從事編輯者才能體會的個中妙趣吧。而你由於環境太過優異，我認爲反而是一種不幸呢！」

以爲現在的狀況非常幸運卻被認爲是不幸的編輯者，不知臉上的表情如何？如果自己的想法被一概否定時，即使不得不承認反對意見才是正確，多數人仍然會想要給予反駁吧！姑且不論個中的正否，對編輯工作最理解的山本先生當然是拒絕了執筆。

一旦讓對方說「ＮＯ」之後，就很難讓對方改變心意了。既然說了「ＮＯ」，在改變心意會傷及自己的自尊，所以，對方也會堅持起「ＮＯ」。這時，就利用其固執也說出「ＮＯ」吧！

37 即使多麼無聊的問題也千萬不要說「YES」

●破壞對方意圖製造的「YES」的心態

催眠術的手法之一是不斷地提出讓對方必定回答「YES」的問題。當人口中連連地說「YES」時，在無意識之間會建立以肯定的方向傾聽催眠者所言的心態。這種心態稱為「Mental・set」，這是人心一旦朝某方向設定時，就很難察覺還有其他的方向。

推銷員或拉保險者當然善用這種手法。他們的談話似乎都從與工作毫不相干的事物開端。譬如「今天天氣眞好」之類的打招呼，其實多半是為了誘導顧客說「YES」而事先安排的質問。他們所設計的是讓顧客毫無戒心地回答「YES」。

美國知名的保險展業員約翰・克魯茲曾說：

「當顧客對自己所提出的五、六個問題都一一地回答時，工作十之八九都會成功。」因為，藉著無關緊要的問題誘導顧客說出「YES」，就等於在顧客的心裡架設了使他們最後說出「YES」的「Mental・set」。

而對這種說服術的因應之道是，即使無關緊要的話題，也千萬不可說「YES」，保持

沉默就對了。或者故意撇開正面的回答。譬如，當對方說「今天天氣眞好啊」時，就回答說「氣象報告說好像會下雨」。

總而言之，只要不讓對方達成意圖想要製造的「ＹＥＳ」的「Mental・set」就不會上當了。反過來說，是建立不說「ＹＥＳ」的「Mental・set」。

面對說服的高手時，這個方法可以說是貫徹「ＮＯ」的最有效技巧之一。

38 事先給予否定的「自畫像」

●以否定的自我形象製造容易說「NO」的狀況

任何人都具有想要被他人看好的願望，不過，對他人的評價往往因爲對方最初所抱持的印象而有所變。對某人而言是冷酷無情的人，在另一個人的眼中卻是個熱忱的人，這是不足爲奇的。

正如英國的社會心理學家阿賈魯所指責地：「人並非一年到頭都向他人標榜自己的形象。在舞台上及舞台下有極大的差別。當人在舞台上時會在意他人的耳目，同時會非常留意自己予人的印象。」換言之，不論是什麼樣的人，都可以藉由在舞台上所飾演的角色，給予他人各種的印象。

如果把這種印象作戰應用在「NO」的舞台上，首先必須飾演冷酷無情、對金錢需求無度的角色。換言之，如果能給對方留下否定的自我形象，就很容易說出「NO」。一般人即使碰到不得不說「NO」的場面時，不，應該說是正因爲處於這樣的場面時，往往喜歡表現出肯定的自我形象，但是，其實這才是不得不說出「YES」的第一步。

有位精神科醫師在其著作『辛酸學入門』一書中巧妙地介紹了自己如何爲了製造出成爲辛酸人的自我形象而煞費苦心。有人問他成爲劫機者的人質其精神上的忍耐力有多久？他的說詞連名演員也自嘆不如：

「這個嘛，大概幾十個鐘頭吧！不過，這個問題太難根本沒辦法回答，你認爲我很清楚他們的心態？」

「是的。就是這麼覺得才請教您。」

「是啊，是啊！…眞傷腦筋。」

「爲什麼傷腦筋呢？」

「我是擔心如果我說沒辦法回答這樣的問題，你一定認爲我是個不可靠的精神科醫師吧？」

「不會啊！如果是精神科醫師應該對這一方面非常清楚吧！」

「喔，你認爲我是精神科醫師所以理所當然應該知道嘍！」

「難道您不知道嗎？」

39 在「NO」之後附加補救的詞句

●消除「NO」的不快與慾求不滿，剝奪對方的攻擊性

一般人說「NO」時，內心會感到些許的不安。「如果斷然地拒絕，我們之間的交情是否就此完畢呢？」的確，以被拒絕者的立場而言，會感到被拒絕的不快以及無法達成目的的失望感，心中所留下的疙瘩莫此爲甚。

斷定的「NO」會使對方產生極大的失望，並且提高其攻擊性。心理學家J・達拉特提出了Frustration（慾求不滿）＝攻擊理論。亦即攻擊行動之所以產生乃是以慾求不滿爲前提，相反地，如果存在著慾求不滿就會導致攻擊行動。譬如，「還我錢！」「不還！」雙方你一言我一句斷然地拒絕的結果也可能發展成凶殺事件，所以，如果置攻擊性的衝動於不顧，恐怕會造成積極的破壞行動。

但是，我曾經有過這樣的體驗。爲了趕搭將要開車的電車，三步併做兩步一口氣爬上車站的樓梯時，電車門卻在我的跟前關上了。車內的乘客對我露出一臉訕笑的表情，當時覺得非常難堪，同時對於電車的冷酷無情感到相當的憤怒。

就在這時坐在電車最後一節車箱的車長告訴我說：「下一班車從隔壁的月台開車喔。」因爲這句話立刻平撫了我的慾求不滿。

電車的拒絕方式簡直無可救藥，但是，我卻因爲車長的一句話而「被拯救」。如果那位車長不留意我，也許那一整天我會感到憤恨難平吧！由此可見，即使是冷酷無情的拒絕方式，若能添加補救的言詞，就能消除對方的慾求不滿，而讓對方坦率地認同「ＮＯ」。換句話說，爲了消除「ＮＯ」之後的不快，事後補償是有所必要的。

某資深的銀行員指出，拒絕別人時若不給予挽救的餘地，彼此永遠會留下難以抹滅的疙瘩，這對生意往來也會造成影響。

他曾經碰到一位多年來私交甚篤的商店老闆前來要求融資，但是，銀行方面因爲對方沒有物件擔保不得不給予回絕。

爲此他向該商店老闆誠心地做了說明之後，又建議對方「如果你有可以做擔保的朋友，拜託對方幫忙一下，銀行方面就可能給您融資。」爲此雙方又維持以往的友好關係。

利用動作・態度來表示NO的方法⑥

撫摸耳垂

談話中撫摸耳垂是表示想要解除因對方無聊令人生厭的談話內容而感到反感、焦躁的情緒的一種訊息。

將手插進口袋內

與人交談時把手放進口袋內而聽話的動作不僅是違反禮儀的動作，也表示無意與對方建立親密的溝通的意思。

第三章

利用第三者說「NO」的技巧

●「對方可能也有迫不得已的苦衷吧！」

【本章的重點】讓誰肩負說「NO」的責任呢？

大概沒有人會向相親的對方親口拒絕說：「我實在不喜歡你。」遇到這種情況多半會委託第三者委婉地給予拒絕吧！這也是爲了保持彼此的人際關係，並不見得對峙的雙方一定要說出「NO」。

那麼，到底誰該負「NO」的職責呢？這時就必須留意人際關係中是有第三者存在的事實。換句話說，如果不注意人在溝通上的特性，就會忘記第三者的存在。

特性之一是，日本文化人類學者中根千枝先生所提出的「直系社會」的關係。這是把日本人的社會規定爲由各種種類的上下關係所運作的「直系」的社會，而日本人的人際關係根本上就是基於這種「直系」原理的觀念。

既然如此，爲了讓對方認同「NO」，除了利用對「直系」方向的人際關係感到爲難的日本人的特性之外別無他法。這種直系社會性並不可能迅速地在日本的文化中消失。因此，不論男女老幼反而應該積極地加以利用。

當然，我們的人際關係並不只是「直系」的形式。當然也受同事、同伴、競爭敵手等橫向關係的支配。這種支配力的強弱不一而足，不過，以日常生活中所佔居的時間長短而言，是無法忽視這種關係。

在這種橫向人際關係之中特別必須留意的是，平常雖然是橫向的關係，卻因爲某種因素而在橫向關係中產生直系關係時。其典型之一就表現在小集團的心理中。所謂小集團望文聞意是指由少數人所組成的集團，家庭就是其中之一。

在公司裡一起工作的同事，下班後常相邀一道去小酌的死黨都可說是小集團。而依據直系社會的原則，從事工作的小集團，譬如，公司的部、課等，一般稱之爲正式集團，相對的，下班後聚集在一起的死黨組合則被稱做非正式集團。

而非正式集團中一定有一個在無形中對其他人造成相當大的心理影響的領導者，這就是橫系中的直系關係。利用第三者說「ＮＯ」時，這個人的存在非常重要。

40 利用對方所尊敬的人

●藉權威者之言使對方信服

我有一位朋友受某地方之託，從事新城鎭改革計畫。一般這種計劃都委任建築業的專家，但是，該地方首長爲了建設一個更舒適的城鎭，而想出動員生物學家、社會心理學家甚至語言學家共同擬定方案的獨特方法。換句話說，集合各家的專門知識，以創造更適合人生活的空間。

但是，這項的創舉卻在二、三次集會討論後就告倒閣。原因只有一個，因爲對於各個專家的發言，其他專家無法提出異議，所以，根本無法綜合爲一個完整的計劃。

譬如，當生物學家發言時，由於其有輝煌的經歷及受人景仰的頭銜，其他出席者對其發言均表示贊同。而接下來的語言學家即使很明顯地陳述了與生物學家互相矛盾的意見。但是，大家仍然認爲他的發言是理所當然値得贊同。

結果，討論會只變成個人發表意見的閒談場所。

爲何他們無法自由地對談呢？最大的原因是因爲個人所擁有的經歷、頭銜成爲交談的阻礙，而給他們的發言賦予絕對性的權威。即心理學上所謂的後光效果阻礙了自由的發言。

任何人往往具有以頭銜、地位或容貌判斷人的傾向，這就是後光效果。譬如，一看到包裝精美的化粧品或昂貴的化粧品，就認定這才是好的化粧品。

「情人眼中出西施」的心理也是一樣的。

所以，想說「ＮＯ」時，若能假藉具有「後光」的人物之口，一定會迫使對方不得不抽身而退。這是不論古今中外拒絕人的慣用技法。

譬如，下面的例子。古代宋朝的宰相想要斷然實行國內改革，於是詢問家臣的意見。這時，那位家臣心想若進言：「最好不要貿然實行」，恐怕會被惱羞成怒的宰相處刑斬頭。但是，如果讚同宰相實行計劃，很顯然地宋朝將面臨重大的危機。

家臣竭盡思慮之後如此地回答：「我没有任何異議。但是，孔老夫子說……。」

據說他陳述孔子表示的意見，不但宰相不敢有任何微詞，也保住了自己的性命。

無論是談生意或一般人際相處，若是要對人表示拒絕時，以對方所尊敬的對象或具有權威的人士爲擋箭牌，利用這些人所具有的後光效果也是方法之一。

41 以滿足對方自尊心的人爲擋箭牌

●讓社長或部長應付對自己的權位誇耀的人

強烈的階級意識乃是工商社會的一種特殊性，這種傾向在東方社會尤其顯著。生意是否談成，進行交涉者的地位遠比商談的內容或條件更爲重要。如果無視於這個特殊性，可望談成的生意也可能付諸流水。

有位長年被派駐德國、英國等歐洲分公司勤務的某日本企業的課長，發覺外國企業中的女職員並不只是倒茶、處理雜務而已，她們也像男職員一般經常出外處理商業事務。而且，一點也不妨礙生意的結果。

「啊！女性的處事能力也不讓鬚眉啊！」在國外的體驗使得這位課長對女職員的工作能力刮目相看。於是，當他回國而當上課長之後，就把歐洲的模式應用在自己課內的女職員身上。社長、部長以下的其他課長都對他這個主張表示極力的反對。

「這麼做只會失去重要的客戶。算了吧、算了吧！」對於這些忠告他毫不在意，強行實行自己的計劃。但是，結果非常淒慘。由女職員負責的生意全部一敗塗地。

失敗的原因並非外國與日本女職員的能力之差，也不是由於男女說服力不同的緣故。而是在於日本社會具有強烈階級意識的特殊性。

我們應該從這個教訓學到什麼呢？

如果想要激怒對方使對方不願意再有生意的往來時，只管派遣女職員或低位階的人前去交涉。但是，若想要在不傷對方的和氣而巧妙地拒絕對方時，最明智的作法是請上級的出馬。尤其對方是具有強烈階級意識的人，這個手法的效果非常好。換言之，只要反用「直系社會」中的直系關係，讓對方的自尊心獲得滿足就可以了。

「派女職員來是什麼意思！把我當成什麼人了！」只有會因此而大發雷霆的人，碰到董事長或經理前去交涉時，才會滿臉笑容地推辭說：「何必勞駕您的光臨，讓您費心了……。」

如果你不信日本直系社會所產生的各種矛盾，只會反覆前述課長的悲劇而已。爲了巧妙地說「NO」，有時也可反用直系的人際關係。如果你爲此而感到自尊心受損，正是你本身也受到直系人際關係束縛的證據。

42 藉權威者之言使對方信服

●使對方抬不起頭的第三者說「NO」

夫妻吵架時有一個妙法，可以向氣勢凌人的太太輕易地說「NO」。

「你的母親不是說不可以嗎？」就是利用令對方抬不起頭的第三者來說「NO」的方法。當太太抱怨丈夫的收入無以維生而表示「我也要出去上班」時，丈夫難免對於自己收入少而感到自卑，很難開口說「NO」。但這時只要應用這招殺手鍵把自己與妻子的關係轉變爲妻子與母親的關係。

根據精神分析學的研究，據說任何人在精神的內部存在著一個超自我（SUPER EGO），意即對自我給予禁止或理想的道德機能。

譬如，父母是子女的超自我。當幼兒做壞事時，父母會斥責說「不行」，而當孩子長大後父母不再對之直接斥責，但是，「不行」這句話則內面化成爲支配兒童行動的一個心理機制。所以，如果被父母說「NO」時，就無法拂逆。

從前，有一名連續強姦殺人的罪嫌據說患有相當嚴重的戀母情節，警方之所以能夠迫使

其招供，就是因爲以其母親爲遊說的手段。警方巧妙地利用對方所擁有的超自我，一再地暗示對方「你母親會傷心喔」而成功地誘導其口供。

無時無刻從內部監視人的行爲使其無從遁逃的超自我，除了父母之外還有神明、良心。不過，當設計父母爲說「NO」的第三者，而妻子及妻子的母親或父親在場時，必須適時地表明「我的父母頑固得很」。

這樣你的說詞等於是父親或母親開口之言，對方爲了避免被父母指責，也只好趕緊撤退了事。

43 假藉「社會上的叔叔」之口

●讓毫無血緣關係的「叔叔」說令人生氣的「NO」

當我們小時候總有一、二個「叔叔」或「大哥」聽我們訴苦無法向父母表白的煩惱。電影『男人眞命苦』中，交織在主人翁車寅次郎身邊的人情溫暖，彷彿告訴生長在世態炎涼的現代社會中的我們，被遺望的義理、人情的尊貴，而獲得了許多的共鳴。

車寅次郎經常暗戀不可能有結果的女人，又以爲對方也對自己有好感，結果總是在飽嚐失戀的滋味之後而寂寞地踏上旅途。但是，他卻不孤獨。

不論是高興或悲傷，他總有可以商量的朋友。譬如，妹妹英子、彩釉店的老闆夫婦、附近寺廟的和尚、隔壁中小企業的老闆等，有人認爲就是這些人際關係的溫暖、體貼才造成「寅次郎連續劇」大獲成功。

在我們的身邊周遭，的確存在著可以傾訴各種煩惱、商量的人。一名叫做R・迪尼的美國社會學家，把沒有血緣關係卻彷彿自己的叔叔一樣聽自己訴苦的人稱爲「社會的叔叔（Social Uncle）」，認爲這是促進人際關係的潤滑油。因義理、人情的關係而難以拒絕的事，如果藉由「社會的叔叔」表示拒絕，就不會傷害到彼此的感情。

譬如，相親時彼此都親近的人出面居中撮合，爲的就是肩負「社會的叔叔」的職責。如果爲了義理人情而無法拒絕想要回絕的事情，漫長的人生根本無法持續下去。但如果當事者毅然出面表白拒絕之意反而會使事態嚴重。因此，找一位能居中斡旋的「社會的叔叔」，藉由其口來傳達「ＮＯ」，反而可以圓滿地解決事情。

而這個「社會的叔叔」有時也可能是有眞正親戚關係的第三者。

譬如『男人眞命苦』劇中的寅次郎與店家老闆之間的叔、甥關係，也有像寺廟的和尚一樣，是平日尊敬的長輩或老師。

總而言之，必須找出何者是對方的「社會的叔叔」，再由該人之口說出「ＮＯ」。如果對方是越親近的人，應該會理解自己對於不得不拒絕的事情表現得多麼地用心。

如果只爲自己的方便而利用上述的「社會的叔叔」時，有時反而會陷入被說服的景況。同時，爲此而激怒了「叔叔」而破壞了與對方之間的關係的情況也不少。總之，最後所憑藉的是拒絕者的誠意了。

利用動作・態度來表示NO的方法⑦

接連兩次隨聲附和

「嗯，嗯」「對，對」等在談話的段落接連兩聲隨聲附和是表示把對方的談話當成一種聲音的韻律罷了。這是對對方的委婉拒絕。

機械式地隨聲附和

單調而機械式的隨聲附和是對對方的談話充耳不聞，或表示雖然想給予對方反駁卻無法在態度上表現出來的情緒。

利用動作・態度來表示NO的方法⑧

不附和對方的談話

上半身盡量遠離對方，聽對方談話也不表示附和，乃是對對方的談話不感興趣的拒絕方式。

沉默地保持微笑

不論對方如何極力遊說，只是面帶微笑而不應和，乃是委婉的拒絕或困惑的表示。

44 藉權威者之言使對方信服

●舉出彼此共通的敵人，讓對方的注意由自己轉向該敵人身上

某中小企業的老闆到客戶那裡催款時，該客戶處的負責人說一時之間資金籌措困難，央求把付款期延後。但是，對這位老闆而言，如果對方沒有如期支付款項，就無法發給職員薪水，因此不得不拒絕對方的要求。於是如此回答：

「像貴公司這麼優良的公司也會有資金籌措困難，跟你們往來的銀行到底在搞什麼！說起最近的銀行，根本沒有栽培企業的念頭……。」

結果，對方似乎也對銀行恨之入骨，順著話題就加入銀行性惡論中。老闆也淘淘不絕的大肆批評銀行，雙方於是你一言我一語地對銀行厲聲譴責，彼此發洩積壓已久的憤慨。到了最後這位老闆輕輕地拍著客戶的肩膀說：「你說的一點也不錯，這些銀行太糟糕了。所以，付款的日子就萬事拜託了。」說完轉身就離去。

像這個例子一樣，當必須說難以開口的「NO」時，可以利用這種方法抬出雙方共通的敵人使對方的注意力移轉到該敵人身上法。

這並非只是單純的把責任轉嫁給第三者，而是把與雙方成敵對關係的第三者當成壞人，使雙方之間的共通心理基礎變得非常強固。然後藉著揭發共通敵人的惡行所獲得的共識，再延長爲對「NO」的共識就行了。

設定雙方共通的敵人以強固彼此心結的作法，在心理學上稱爲「犧牲化」（Scapegoating）。利用這種心理最著名的事例是希特勒所實行的排斥猶太人政策。

希特勒爲了掌握難以控制的國內中產階級，把猶太人當做犧牲（Scapegoat），極力地給予排斥並加諸罪行，而成功地達成國民的精神統一。因爲，集團內的矛盾、糾葛的原因全歸罪在「犧牲者」身上，從而消弭集團內的對立。

Scapegoat 的第一個條件必須是遠離雙方的存在。猶太人和德國純血主義相差甚遠。第二個條件是必須具有明確的印象。據說希特勒爲了將猶太人視覺化，還考量出鼻子角度的測定器。第三個條件是必須是雙方的共識。譬如，將物價昂貴歸咎是政府的關係，任何人應該都會表示贊同吧！

45 把責任轉嫁給「我們」

●刻意地擴散對方的攻擊目標而從中脫逃

說服一人當然比說服複數人來得容易。因爲可以集中攻擊目標，如果被說服者是二～三人，由於攻擊目標擴散很難確定出進攻的方法。所以，如果身爲被說服者，只要刻意地擴散對方的攻擊目標就能伺機從中遁逃。例如，任何事都以「我們」代替「我」就是擴散對方攻擊的好方法之一。

譬如，如果向拉保險者推辭說：「我的薪水低，根本付不起兩千萬元保險那麼高昂的保險費……。」

這樣的說詞恐怕也難以脫逃對方的糾纏吧！因爲，他們慣常的說詞是這樣的！「的確目前是有點困難。不過，你還年輕。接下來才是打拼的時候吧。不但薪水會提高，前途更是無可限量。您不久一定會發覺這點保險費算什麼呢！」

但是，「我們這些當教員的薪水可不高……」，這種第一人稱複數就成爲拒絕對方闖進自己內心的心理壁壘。

在經營者之間頗負盛名的某公司經理是勞資交涉中的高手。據說其秘訣，是在團體交涉的會議上，一個人面對衆多的勞工代表時從來不使用「我」的字眼。譬如，這樣的情況：

「我們公司去年的獲利率是百分之三，差點就要面臨經營紅燈的境地。其實我們大家都非常盡心盡力，只不過經濟實在太不景氣了。對吧，各位！這時要求加薪對我們會造成什麼樣的結果呢？如果考慮我們公司的將來……。」

如此勞方無法集中攻擊經營者，因其所面臨的敵手是茫然不知所以的「我們的公司」，所以，攻擊的尖刀就變得遲鈍了。

46 製造第三者以分散對方的攻擊

●讓對方穿梭在第三者與自己之間

某資深流行顧問指出，盡量不要拿出其他東西，讓中意櫥窗內的商品而前來購物的顧客做比較，是出售商品的要訣。因爲，當顧客比較太多種商品時，其注意力勢必會被分散，結果造成不買而歸的情況。

曾經陪伴女性去購物的人，對這段話一定感到贊同吧！出門前就對該買外套或鞋子而猶豫時，其購物行動已經亮起紅燈了。到了百貨公司來回穿梭在一樓的皮鞋專櫃及三樓的女裝專櫃，在抉擇猶豫時往往就錯過了好商品。

諸如這般，任何人一旦同時擁有兩個同樣程度的強烈要求時，會夾處於雙方都想要獲得滿足的慾求之中，而產生心理上的糾葛。換言之，在慾求的對象之間彷彿時鐘的擺垂一般來回搖擺不定。心理學稱此爲「擺垂反應」。

當人產生「擺垂反應」時，就難以下定判斷，遲疑不決的結果是無法鎖定對象，而招致「兩頭落空」的結果。

拒絕他人的請求時，也可以利用這種心理現象。這時只要提出足以誘導對方慾望的第三者就行了。然後讓對方在自己與第三者之間徘徊不定。

譬如，事先向朋友說明有人要請其幫忙，請其出面。然後在言談中對來請託者故意地透露「那個人比我更有錢」或「那個人的人際較廣，向那個人拜託比較好……」。

對方由於同時出現兩個想要滿足慾求的對象，在心理上會產生糾葛。而且，對方會不知該鎖定誰爲目標進行談話才好。當然，即使當場沒有第三者，只要告訴對方要介紹比自己更合適的人，也能挫其說服的攻擊力。

總而言之，秘訣是把攻擊目標分散爲二，讓對方在二人之間徘徊不定後，再同時告訴對方「還是拜託那個人吧！」

47 責難對方所屬的組織

●不直接向對方說「NO」而把對方改變爲公司

以前曾經發生搶購衛生紙、洗潔劑的騷動。當時一般人認爲罪魁禍首是某公司而群起攻擊，但是，責難的箭矛卻意外地轉了方向。

就職於該公司某職員的太太在報紙投書申訴，據說在這次搶購的騷動中，鄰居的太太對其冷嘲熱諷地說：「您先生是在那家公司上班，家裡一定有許多衛生紙、洗潔劑吧？」職員的太太一再地說明根本沒這回事，卻不被採信。

以這個例子而言，鄰居的太太可能老早就對該公司的職員的太太抱有敵意！若是如此搶購騷動正好給鄰居太太一個恰當的藉口。

因爲，如果使用公司職員太太就是公司的理論，純屬個人的攻擊也顯得大義凜然。諸如這般，把屬於某組織的人當成該組織的心理結構稱爲「一般化」（Generalization）這是我們日常中也經常使用的轉換理論。

這個理論也是說「NO」的有效武器。如果應用「只有你除外」的「Except You」的

論法則效果更佳。譬如，對糾纏不休的推銷員說：

「我非常明白你的熱誠，你所說的也非常有道理。但是，我卻不喜歡你的公司。貴公司不是常有政商勾結的勾當嗎！」

其實這是把推銷員與公司一般化，拒絕公司就等於是拒絕對方，但是，並不是直接向對方說「NO」，所以，拒絕者的心理障礙較少。同時，對方也可以假藉自己與公司並非一體的理由，而使被說「NO」的不快感降至最低。而且，在「Except You」的效果之下，對方也能坦然地離去。

48 讓自己以外的惡人一同出席

●利用集團掩飾自己的「NO」

假設課長要求你處理某件工作。雖然想說「NO」卻難以開口。這時可以徵求其他兩名同事的支援，三人連袂到課長跟前陳情。這種三人戰術並非是要以衆擊寡，而是藉由集團掩飾自己的「NO」，並藉此表白自己的「NO」可說是一種高度心理作戰。

首先，讓事先照會過的贊成派與反對派的兩名同事在課長面前議論。當兩人針鋒相對時，就適時地出面表示反對意見，譬如說「如果是這樣，這件事恐怕必須再做考慮」。這樣就不是直接向課長說「NO」卻明白地表示自己的「NO」的意思。

這個方法的優點是經過多方的議論和集思廣益的結果，讓課長及全體職員覺得三人的結論是「NO」，在不傷害任何人的自尊心之下而表明自己的「NO」。而三人之間的關係即使意見對立，卻經常是二比一的狀況，而表示「NO」的意見也是以佔多數者爲裁決，所以這種說「NO」的表現較爲緩和。

但是，如果只有兩人就無法達成這個效果。正如所謂的「兩人旅行不睦之源」，因爲只有二人，所以意見的一致、不一致變得非常極端，而且，造成集團整體的意見的印象也較薄弱。

這種心理操作其實是根據心理學的集團行動理論。心理學上把二人集團稱爲「Diad」，三人集團則稱爲「Triad」。在二人集團中鮮少表明意見的一致或不一致，也不知彼此的關係能維持多久。因此「雙方的關係的安定性極小」。

但若是三人集團，因其經常維持著二比一的關係，即使個人對某意見有贊成與反對之別，在意見多數決標準的保護下，因對立而造成關係崩壞的危險性較少，「其關係的安定度極高」。這三者之間的關係可以說是「支配兩者」、「處於兩者之間」、「受兩者支配」中的一種形態。

以前面的例子而言，其過程是首先讓其他二人議論，自己彷彿「被兩者支配」，接著在「進入兩者之間」，獲得「NO」的支持後，最後大家提出「NO」的結論，結果反而是「支配了兩者」。

這個方法不只限於三人集團，五人、七人等奇數集團都可以應用。只要讓其他人開始議論，自己再加入反對派的陣營就可以了。

49 把自己當成「背後的實力者」

●向對方施予心理上的壓力比較容易說「NO」

你的同事之中是否有這樣的人呢？當大家針對某問題紛紛發表意見後，到了最後卻順從那個人的意見。不論是吃中飯或到那裏玩樂，都是以他的意見爲主。或許這種人在地位或權勢並不比其他人顯赫，但是，結果卻往往由他掌握實質的領導權。

這種無形中的領導者在心理學上稱爲「非公式的指導者（Informal・Leader）」。所謂的「背後的實力者」也可說是這種非正式領導者的一種。

美國的心理學家E・得喜特擬出一套在「傳言作戰」中運用這種非正式領導者，以提高推銷業績的方法。換言之，掌握住某地區或集團的非正式領導者，首先攻佔這些人的防線。然後就像拔芋頭式地可獲得全集團的支持。

既無地位又無權力的非正式領導者爲何會有這樣的神通呢？其秘密乃在於其不具顯赫的身份與地位的關係。由於這種人並不是因爲地位或權力所推舉的領導者，所以，一般人並不意識到該人是領導者。即使是對利用地位或身份強行採決或命令感到排斥的人，也不會有被牽著鼻子走的感覺，而能坦然地接受該人的意見。

說「ＮＯ」也可利用這種非正式領導者所隱藏的神通。不過這並不是要讓你所屬的團體的非正式領導者出面說「ＮＯ」。而是把自己佯裝成非正式領導者，令人覺得彷彿有無限的神通。

在流氓電影中，經常可見大聲吆喝說：「我只要喊一聲，立刻有一、二十名手下飛奔過來。」藉此威嚇對方的場面，這個道理也可以應用在對付想要拒絕的人身上。

譬如，當汽車推銷員對你糾纏不休時，在言談中可以暗示對方自己乃是汽車問題方面的非正式領導者。譬如說：「我對車子可講究得很。提到車子，大家都來找我商量。其實…」等等。這樣就可以給對方施予心理上的壓力，而能輕易地說出「ＮＯ」。

利用動作・態度來表示NO的方法⑨

中斷微笑

本來笑臉迎人的人突然終止微笑變得默無表情，是對對方的饒舌、多管閒事、請求給予無言的警告或拒絕的表示。

變得面無表情

面無表情其實是在臉部裡側隱藏著比露骨的困惑或厭惡的表情更激烈的情緒。這比強詞雄辯或露骨的厭惡的拒絕更強烈。

第四章 不説「ＮＯ」的拒絶技巧

●「覺得不好意思再拜託下去了！」

【本章的重點】如何以肢體表現「NO」

讓對方坦然地接受「NO」的作戰，其實在你向對方開口之前已經開始了。有時不需開口明言，也不會造成尷尬的氣氛下，就能讓對方察覺你的「NO」，而趕緊退場或收斂其攻擊。具有如此神效的武器乃是動作、態度等「非語言的語言」，亦即肢體語言。

譬如，假設在像擠得沙丁魚般的電車裡，碰巧和一名年輕OL正對面地緊貼在一起無法動彈。如果認爲這乃是夢寐以求的良機則另當別論，一般有見識而禮貌的男性，碰到這種狀況一定會向對方的女性表示自己絕對不會產生非分之想。否則對方會產生不必要的疑慮，更糟的是恐怕會被誤認爲色狼。

話雖如此，在這種狀況下也難以向素昧平生的女性開口表白自己並無非分之想。所以，最明智的作法是在不經意間對於雙方不得已的身體接觸表現出寞不關心的態度。

這時，你可扭著僵硬的脖子朝某個定點注視，或來回地閱讀車箱廣告，或緊閉著眼睛假裝打瞌睡。

相反地，請想想若是自己處於要求人的立場時，當對方打從心底就無意接受你的邀請，從交談之前就不會和你四目相對。利用因其他事情繁忙的動作向你表白無言的「ＮＯ」。遇到這種情形你大概很難向對方開口搭訕，而警覺到勢必被對方拒絕吧！

俗話說「眼睛像嘴巴一樣會說話」，其實，從以上的說明各位應當能明白眼睛遠比伶牙俐齒更能傳達「ＮＯ」的訊息吧！

本來這種由動作或態度所進行的溝通是身體語言學，亦即文化人類學的研究主題。後來變成肢體語言成爲精神醫學、動物行爲學等衆多分類的研究對象。心理顧問也懂得必須利用這些非語言的溝通才能充份地理解患者的心理。

反言之，我們若能有效地運用人類所共通的這種「非語言的語言」，就可能達成「不說ＮＯ而說ＮＯ」的目的。這種「無言的ＮＯ」正因爲不做明白的表示，而更能讓對方坦然地接納「ＮＯ」。

50 不能讓步時就傾斜身體表示抗拒

●採取「傾斜的姿勢」表示斷然的決心

談話並不是人與人溝通的唯一手段。肢體動作、表情等也具有溝通的機能。換言之，人在無意識中也會接受對方肢體所發出的訊息，做為判斷的基準。而肢體所發出的訊息就是前述的肢體語言。

在名偵探『刑事可倫坡』的影集中，可倫坡想從一問三不知的犯人口中追究出案情時，會把手插進那件皺巴巴彷彿是他的註册商標的大衣口袋內，走出幾步示意離去卻突然地轉過頭來。當他回轉過來呈「傾斜的姿勢」時，會不時地用手騷著頭陷入沉思。

影集中這時多半會對犯人那複雜的表情給予特寫。因爲，犯人有被識破馬腳的不良預感，這個地方正是勝負的關鍵。

根據肢體語言的理論，這種「傾斜身體」的姿勢是表示對對方採取攻擊的意思。從這一點看來，可倫坡所擺出的這個姿勢會造成犯人内心的徬徨也是理所當然的。

根據日本立教大學教授，人類學家香原志勢所言，人在進行宗教的儀式時，都採取左右對稱的姿勢。合掌膜拜、拍手祭神等可以說是最佳典型吧！和尚對著佛壇或佛像祈禱時的手勢，或廟主執香時也都採取左右對稱的姿勢。

換言之，當人不對對方採取攻擊心，敞開心胸接納對方時都是左右對稱的姿勢。但是，在人際往來中卻鮮少碰到這樣的場面。反過來說，當人對某人要刻意地採取行動時，多半會成非對稱的姿勢。

「傾斜身體」顧名思義是把身體往左或右彎曲，成非對稱的姿勢。當身體成傾斜的姿勢時，是讓對方感到不安、焦躁的一種身體語言。

正如可倫坡以傾斜著身體的姿勢追究犯人的隱情一般，要向人說「NO」時，傾斜著身體的姿勢似乎在用言詞表達之前已經向對方傳達了「NO」的訊息。而且，具有攻擊性的這種姿勢也表示這個「NO」非同凡響。

51 誇大自己

●以悠哉的動作、態度讓對方產生自己處於精神優勢的印象

各位大概都看過狗、貓、猴子等動物在吵架，或面臨外敵時，全身毛髮聳立的景象吧！這是爲了壯大自己的形象，給對方造成威嚇效果。

人類的行爲中也可發現與此完全相同的目的與模式的舉止。

也許有人認爲把人類與貓、狗一視同仁太過失禮，其實在高度文明的人類社會中，很意外地也摻雜著許多原始性的行動動機與模式。

譬如，吵架時面對面的兩人在無意識間會聳起肩膀、使勁地伸展手臂。這些動作實質上能使自己壯大多少倒是個疑問，不過，人在無意識中卻有這種舉動，這乃是因爲人性之中隱藏著與狗、貓豎直體毛同樣的原始心性。

某深受政界名流愛顧的西服店老闆指出，顧客中常有人要求訂製比自己的身材更大一號尺寸的人。而遊樂場中也常見披著大衣昂首闊步的「老大」。這無非都是極力想要壯大自己的表現。同時，也正因爲這種令人感到可悲的努力能夠發揮其效果，直到目前隨處能見到有

這種舉動的人。

由此可見，壯大自己是產生精神優勢的重要原因之一。即使沒有造成威嚇等明顯的效果，但顯得龐大的軀體卻在無意識中令人感到壓迫感。所以，說「NO」時畏首畏尾的姿態決非良策。

舉手投足間應盡量使自己顯得壯大。不過，這裡所謂的顯得壯大並不只是尺寸上的問題。譬如，悠悠哉哉地扶靠在椅背上、不慌不忙、態度從容不迫，有時極力地伸展四肢成「大」字型的姿勢也能發揮效果。

俗話中常有「裝著一副大臉」、「擺出大架子」等表現。當然在這裡所說的並非眞的在說臉龐或態度的大小，也不是身體或動作的尺寸。而是指令對方產生壓迫感的動作、舉止而言。因爲，不論身材大小，任何人都能藉由動作中所表現的「巨大」而突顯自己。擺出大模大樣的姿態蔑視對方，等於是在向對方宣示「NO」。

52 反覆表現鬆弛與緊張的態度

●混淆對方對肢體語言的理解，使其喪失說服的線索

不論在那一個國度，政治家彷彿是狡猾的代名詞。從議會質詢的實況中，常令人佩服那些政治家在舉手投足間都隱藏著玄機。即使碰到微妙的問題質疑，結果也都能顧左右而言他，迴避質詢者的攻擊。

觀看他們在答辯時的姿勢，有時從容不迫地仰臥在椅背上，霎那間卻又轉為傾身向前、一臉嚴肅的表情。到底這些動作是算計在內的表現，或者所謂的政治家就是天生懂得如何進退的人呢？總而言之，在心理學上已經確認這樣的態度是反擊對方攻勢的有利武器。

根據美國的精神醫學家阿爾巴德・E・薛福雷博士的研究，反覆地表現鬆弛與認眞的態度，會混亂對方對肢體語言的理解，而使其錯失說服的線索。

譬如，剛開始表現出豪邁大方的態度。雙腳在前伸、雙手交握在頭部後側的姿勢大概是最具代表性的吧！過了不久卻又挺直腰背，身體趨前以聆聽的姿勢面對對方。

剛開始的姿勢給人毫無防備、容易攻擊的感覺。會令對方覺得彼此之間可能架設心理上

的橋樑而造成疏忽。但是，其實能夠採取這種姿勢是相當具有自信，在精神上處於優勢。而接下來的姿勢給人對談話内容表示興趣的感覺，但是也令人覺得彼此之間的心靈橋樑可能會中斷。於是，對方又開始説明談話的主題。

但是，對方的説明會被再次的變成鬆弛的姿勢所中斷，根本找不到攻擊的焦點。在鬆弛、緊張的態度反覆地交換之下，將搞得對方彷彿陷入五里霧中摸不清方向。

53 表現出身體不舒服的動作

●以生理上的疲勞、倦怠、不快的訊息，中斷對方談話的持續性

某西洋電影中有一幕感情已達冰點的一對夫婦的應對場面。全心投入工作而不顧妻子的丈夫，責難妻子的變心並強迫重修舊好。雖然妻方已經沒有重圓的意思，但是，也許是對自己的行爲感到愧疚，也無法嚴厲地反駁對方。

他一邊聽著丈夫喋喋不休的數落，卻只用拇指與食指緊握住眉頭。

這是外國人在疲憊時常有的動作。看到這個動作時，丈夫突然閉了嘴，妻子看到丈夫的反應隨即嘟喃地說：「對不起、沒什麼要緊。」

於是丈夫又繼續其個人的辯駁，不久之後她又作出先前的動作。當這個動作反覆數次之後，丈夫緊閉著口一句話也不說了。

爲何會聯想到這麼片段的電影畫面呢？乃是因爲我覺得這位妻子的動作、態度中隱藏著藉由肢體語言說「NO」的方法。

他始終不說一個「NO」，只是簡短地附和丈夫激烈的言詞。但是，丈夫最後卻放棄說

服而離去。導致這個結果的無非是他不時的按壓眉頭的動作。

肢體語言的研究者們認爲，表現出彷彿身體不舒服的動作是對說話者傳達否定的訊息。譬如，搖頭、用手帕擦眼睛、按壓眼皮、拍揉肩膀、按壓太陽穴以及這裡所提到按眉頭等動作。

這些動作雖然是直接想要消除身體的不快感、疲勞感、倦怠感的動作，但是，同時也是向對方傳達「你的談話造成我心理上的疲憊感，在心理上也令我覺得倦怠，請不要再說了」的訊息。也可以說是想要要求對方改變話題，趕快結束談話的表示，至少具有斷絕對方談話持續性的效果。

令說話者最感到爲難的是，這些動作並非來自聽者的意識或感情。在前述的例子中，妻子表現出這種動作時會向丈夫表示抱歉，這卻隱藏著「想要聽你的談話，但是，身體方面卻感到不舒服、不快」的意味。

即使這種動作是刻意表現出來的，對方也難以抗拒這種無言的拒絕。

54 一直保持正襟危坐的姿勢

●把自己當成非人格的存在，以封殺對方說服的契機

有些人並沒有大缺點，態度、服裝也非常端莊，但是卻不獲他人好感。這種類型者在女人眼中並不討好，他們認爲：

「的確是可圈可點的人，但是，過分正經八百反而令人疲憊。」

不論場合總是保持一絲不苟的態度的人，大概會使對方覺得冷淡難以親近的印象吧！

這個批評的確有其道理。因爲，擺出正襟危坐的態度與人談笑時，只是向他人傳達「我不想裸露自己眞正的面貌。我是躲匿在假面具之下」的訊息。

面對初次見面的人或對對方帶有敵意時，人在無意識中會掩飾內心的動搖，爲了架設不給對方趁虛而入的心理壁壘，會藉由「假面具」掩飾自己。這會給對方產生自己彷彿非人格存在的印象，也讓對方產生心理的壁壘。

納粹士兵採取「海爾·希特勒」的姿勢，或訓練有素的士兵們列隊行進的景象，常令人覺得他們似乎是沒有血、淚的人。從他們的姿勢很難想像當他們回家後會是和家人談笑的好父親、好丈夫。

這也是因爲訓練的結果所養成的整齊劃一的姿勢，令他們帶上「假面具」，令第三者覺得彷彿是非人格的存在。

所以，當您想說「NO」，戴上「假面具」使自己變成非人格的存在也是方法之一。只要一直保持著挺直腰背、不苟言笑的態度，就足以讓對方退避三舍了。

這種態度，會使人陷入彷彿是對木偶談話一般的不安，請求的事終於難以開口了。

55 裝出撲克牌臉

●藉由面無表情以斷絕彼此的溝通

議會進行討論時，被質詢的政治家都儘量地掩飾自己的喜怒哀樂，刻意的表現出面無表情的樣子。據說無論對任何攻擊性的言詞，保持撲克牌臉是身爲政治家必備的條件之一。總而言之，不僅不能說出「ＹＥＳ」「ＮＯ」，連臉部也不可以有這些答案。

日本前首相故佐藤榮作，可以說是最會裝撲克牌臉的代表。甚至有政治記者認爲就是那張令人覺得冷淡無情的撲克牌臉，才造成最沒人緣的佐藤内閣能保持日本政治史上的最高壽命的重大原因。

到底撲克牌臉意味著什麼呢？一般而言，溝通的誠意必須經過下面的三個階段。

第一，藉由耳、眼、鼻等感覺器官接受外界刺激以認知對方的階段。這時若能給對方好的強烈刺激，幾乎不必語言的交談就能給對方良好的第一印象。多半的人在這個階段會努力地使對方接納自己。

第二，使對方認知之後，刺激對方的感情使其判斷的階段。在這個階段彼此會藉由交談而判斷對方是有趣的人、合得來的人或相當幽默的人等等。

第三，累積肯定的材料之後，進行「製造動機」的階段。到了這個階段才產生決定具體的行動的意願。譬如，似乎可以和這個人共同工作或無論如何想和對方一起工作或與之爲友。

所以，如果不想和對方溝通往來，在第一個階段就擺出拒絕對方的姿勢是最有效的。從這一點看來，令人不知是「YES」或「NO」的撲克臉是最有力的打擊，如果溝通進行到第二階段、第三階段後，要終止彼此間的溝通是非常困難的。如果想說「NO」，必須在第一個認知的階段就擊潰對方。

而其要領是一開始就不要給對方任何從外觀可以感受的材料，由於「臉部」是最容易表現人的感情的部位，裝出令人不知所以的撲克臉，就能達成終止溝通進行的作用。

56 在談話途中終止微笑

●嘎然斷絶人際關係的「潤滑油」，使對方無法再接近

名畫『蒙娜麗莎的微笑』據說至今仍然是個謎，在數百年後的今天仍然是大家爭論的焦點，可以說是該微笑的魅力吧！

所以，當我們想和對方保持親近關係時，交談時會儘量帶著微笑。對方也會以微笑回應，雙方的溝通顯得非常融洽而和樂。微笑不必假藉任何言詞，就能對對方表示「同伴意識」或「無言的瞭解」。

換言之，是促進溝通圓滑的潤滑油。那麼，如果這個潤滑油突然消失，會對對方的心理造成什麼樣的影響呢？

從微笑具有的意義而言，終止微笑是表示「你所說的事我不明白」、「和你已經不是處於同一陣線的同伴」的訊息。換句話說，如果想要斷絶與對方的溝通，只要終止原來浮現在臉上的微笑就行了。一來對方會感到不安，而猜疑自己剛才所說的事是否被拒絕了。

本來東方人的表情就比較貧乏，尤其面對外國人時，經常臉帶著「東方式的微笑」。這

是想要對外國人示好的表現，不過，以外國人的立場而言，首次碰面的人卻向他表現「同伴意識」、「無言的瞭解」，當然會令他們覺得不可思議。曖昧的微笑更會令對方感到不快，甚至妨礙彼此的溝通。

爲何有些人遇到外國人時會浮現這種具有危險性的曖昧微笑？大概是對外國人感到不安與警戒的關係吧！由於擔心停止微笑後對方態度的驟變只好不停地展露微笑。

換言之，微笑雖然沒有拒絕的意思，卻也不是全面地接納對方。一般認爲是發自一種錯綜複雜的心理糾葛。

的確，在必須與許多民族性不同的人交往的國際舞台上，也許有不少場面必須做出這種曖昧的微笑。但是，如果我們堅決不願接納對方的請求，而又想要避免過於直接而草率的表達，在談話途中暫時終止「談話關係」也是極爲有效的方法。

從這一點看來，中斷微笑是既能維持與對方基本的人際關係，而卻拒絕其請求的方法了。

利用動作·態度來表示NO的方法⑩

扭轉脖子

「低頭」的姿勢是感到疑惑時經常表現的動作，但是，「扭轉脖子」卻具有極爲強烈的否定要素，是「不表贊同」的訊息。

皺眉

雙眉所傳達的多半是具有不快或困惑等負面的表情。尤其是在談話中表現皺眉的動作，是對對方的意見不表贊成的訊息。

利用動作・態度來表示NO的方法⑪

縮肩

聳肩是誇示自己的自在的動作，而縮肩的動作是不快、困惑、疑惑等對對方採取防衛心理的意志的表示。

鼻子遠離對方

彷彿躲避臭氣一樣地把頭部往後傾，鼻子遠離對方的動作是對對方感到厭惡或拒絕的訊息。

57 視線不要接觸

●對對方的視線視若無睹可以把對方的請求置之度外

對對方表示有意時，西洋人會眨眼睛，而日本人會送秋波。同樣都是好感的表現，西洋人的方式比較積極而具攻擊性，日本人的送秋波則較消極而被動。

從這一點看來，有人認爲西洋人的文化是四目交接的攻擊性文化，日本人的文化是視線交流的被動文化，亦即所謂的「視線文化論」。

的確，四目交接或視線的遇合令人覺得是積極地與對方融合的感覺。人的眼睛是所謂的「心靈之窗」，四目交接可以說是雙方積極的交流。

這一點在說「NO」時具有重要的意味。換言之，想要說服人的一方必定會熱心地注視對方的眼睛，尋求視線的遇合。因爲，藉由這個舉動可以把自己的請求傳達到對方的心底。正如「看得入神」這個詞所表示的熱心程度，當你專注的注視對方的眼睛，很容易陷入全盤接納對方談話內容的狀況。

這是說「NO」時最要迴避的事。據某採訪者所言，最難以交談的對象是始終也不瞧你一眼的人。據說面對這樣的受訪者，採訪者從頭到尾會彷彿自己做錯事、或給對方帶來麻煩一樣的感覺，採訪也難以持久。

其實，說「ＮＯ」時可以運用這種難以應付的受訪者的態度。換言之，岔開視線、閉上眼睛、藉著誘導對方視線岔開，對對方的視線置之度外，就能迫使對方的請求無疾而終。

談話時雙方之間有一個使對談容易進行的視界，當對方的眼睛離開自己的視界，或在視界的邊緣來回的竄動，對方會失去談話的焦點，很難盡情談話，所以，正對面相視而坐時，在自己的身體的旁邊擺置茶酒小菜或不停地環視周遭的景況，把自己的視線脫離對方的視界之外，是儘早擊退對方的方法。

同時這也是爲了避免專注於對方的視線，而受其誘惑，可以自然地岔開視線的極爲有效的方法。

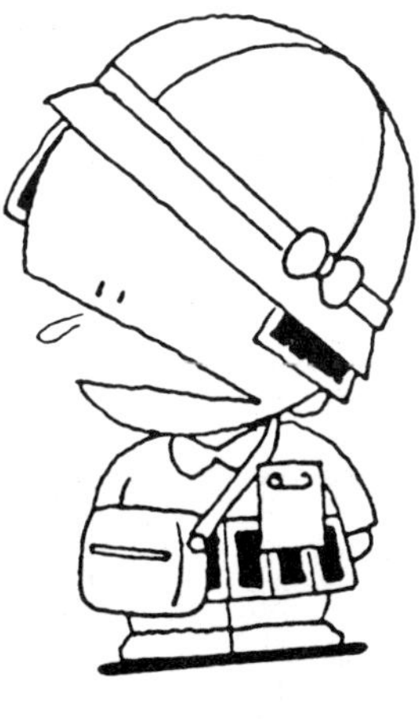

58 擺出雙手交抱、盤腿的姿勢

●刻意地表現無意識中保護自己的動作，向對方傳達拒絕的意志

仔細地觀察坐在電車裡的乘客，除了臉上的表情各不相同之外，連坐的姿勢、動作也千差萬別，雙手交抱在胸前的人、雙腿交疊的人、百般無聊般撫摸自己臉頰的人、雙手擺在膝上動也不動的人等等，可謂十人十樣各有千秋。

每次搭電車，我都會從這些姿勢或動作揣測對方目前正在想什麼。因爲，肢體語言的根本是，人心的深處會從無意中的姿態動作表現出來。

譬如，內心感到不安或想要拒絕對方時，爲了保護自己一定有雙手交抱胸前或盤腿的動作。心中有所不滿時一定會撫摸身體的某個部分。根據肢體語言的理論，這些姿勢或動作的變化，稱爲「改變位置」，人就是藉由改變位置以保持心靈的寧靜。

首先，頭、眼皮、手足人體中擺動的部分稱爲「重點」。當這些重點連結成一連串的動作，並擺動肢體一半以上的肢體動作就形成位置。

這是阿爾巴特·艾修派恩醫科大學的精神醫學家薛福雷博士所定義的。據說，與他人接觸時，一般人在二十分鐘以內會轉變二～四次位置。

假設針對某個主題，你向上司提出某個方案。剛開始上司仰靠在椅上熱心地傾聽。但是，當上司對話題的內容不表贊成時，就有雙手交抱、盤腿，或交換左右腳擺放位置的動作。這是對你的意見表示反對的意思。

同時，有他人阻擋面前時，人多半會雙手交握在胸前，這乃是無意識中想要保護自己身體的意志由位置表現出來。當他人有所請求而自己覺得難以實現時，自然把雙手交握在胸前，陷入沉思的狀態也是同樣的道理。

所以，如果意識到對方有所請求時，在談話之前就把雙手交抱在胸前，或擺出盤腿姿勢，會使對方難以開口，同時，若能在談話途中改變「位置」，就能明確地向對方傳達拒絕的意思。

同時，談話中頻繁地將視線撇向對方視界外的方向，就能更明確地傳達拒絕的心意。

59 頻頻地晃腿使對方陷入焦躁的情緒中

●刻意地使用「腳部表情」，向對方傳達自己的不耐煩

從前，電視節目裡曾經播放「肢體語言」的特輯，譬如，腳部的動作是人類隱藏在內心深處的慾求的表現，從各種場合窺視腳部的動作的確頗饒趣味。

首先，把攝影機藏在咖啡廳裡，從鏡頭中窺視與男朋友約會的女性的腳部動作。有人認爲「脫鞋是意味性行爲」，想要脫鞋的女性是想向對方傳達性的慾求，這正好是確認此說眞僞的良機。

和男朋友閒聊中的女性有不少人會在無意識中脫掉高跟鞋。她們是否要向對方表達自己的性慾求呢？據說尾隨在談話完畢離開咖啡廳的情侶身後，發覺脫掉鞋子的女性中有不少人就和男朋友走進賓館。

接著錄影機又轉到男女約會時，經常約定會面的地方。因對方準時赴約而微笑的人、焦躁地連續抽著煙的人等等。等人的姿態也是形形色色，不過，多數人等待十五分鐘之後就開始頻頻地晃腿。

一般人當精神緊張、焦躁時，爲了緩和該精神狀態，會有無意識地晃動手、腳或反覆單純的肢體動作的傾向。在心理學上認爲這是「防衛機制」的一種表現。而頻頻晃腿就是其代表。

在攝影機巧妙地捕捉下，似乎十五分鐘是等人的最大限度。

有此可見，「腳部表情」也可說是投射心理的一面鏡子，如果刻意的使用它，將成爲向對方傳達「ＮＯ」的有力武器。換言之，頻頻晃腿的動作可以向對方傳達「已經不耐煩了」、「不想聽你說話」的意思。

60 反覆傾聽與沉默的態度

●表現出有興趣卻需要考慮的態度，使對方知難而退

某教育評論家曾經苦笑地說：

「最令人討厭的時間是演講完後要聽衆發問的數分鐘。」

據說最好的情況是有人提出問題，如果沒有任何人舉手發問，會場頓時會變得鴉雀無聲，此時在演講台上眞叫人不知道該如何自處。而且據說尤其對象是女性的演講會時，這種沉默令人感到困惑。

這位評論家的感受是演講中他說的玩笑話會引來哄堂大笑，也有人專心地記筆記，但是，到了質疑的時間卻沒有人提出問題，彷彿剛才的演說是一派胡言，令人不覺啞然。

我在對學生或公司上班族的演講中也經常碰到類似的經驗。這種沉默會給人產生自己似乎被拒絕的印象。所以，若能有效地使用沉默，即使不明白的說出「NO」也能向對方傳達無言的「NO」。

要使用無言的「NO」，開始時必須對對方的談話表現出洗耳恭聽的態度。從前述教育

評論家的例子也可發現，一般人對於本來傾聽自己談話的人，到了要其發問時卻一句話不說時，會極力去揣測對方保持沉默的意思。這時，多數人會認爲保持沉默的對方也許正思考著如何對剛才演講的內容提出反駁，或如何陳述自己的意見。

因爲，對話中的沉默具有三種機能，即做爲思考的沉默、純粹做爲休息的沉默、等候對方接下來發言的沉默。而最常見的是做爲思考的沉默。

美國某心理療法研究者，曾經針對這三種沉默的使用比例進行調查，結果發現思考的沉默佔百分之五二、休息佔百分之三十八，等待發言也佔百分之十。根據這個研究，會話中的沉默多半是「我現在正考慮該如何發言」的表示。

當自己的發言被以沉默回應時，多半的人會以爲或許是自己所說的內容難以另對方理解，於是便努力地積極提供新情報以企圖尋求對方的理解。如果對方又表現出洗耳恭聽的態度，隨即又陷入沉默，於是說服者又必須提供另一種情報。如此反覆下去，最後你就不得不承認對方的沉默原來是思考該如何表示「ＮＯ」的態度。

61 談的起勁時切忌觸摸自己的肢體

●不可做出表示自己內心軟弱的動作，以免讓對方趁機而入

在與他人談話時有人總喜歡用手觸摸頭髮、柱著腮幫子，或雙手互相的搓揉。

若是男女約會這些動作的意義則另當別論，但，如果是必須說「ＮＯ」時，這種動作是絕對禁止的。因爲，這些動作在無意識中是表露自己內心的弱點，往往因此造成給予對方趁虛而入的機會。

在外國的公園等地常可看到無所事事晒太陽的老年人。仔細地觀察這些人，你一定會發覺他們常有自己搓揉手、足的動作。這大概是覺得孤獨，想要找個伴談話的心態在不知不覺中表露於動作上。我就曾經被這樣的老人逮著大半天聽他閒話家常。

由此可見，喜歡胡亂地觸摸自己的身體可以說是心理上的自衛行爲。只有儒弱而不能說「ＮＯ」的人，在談話的關鍵時常會做出觸摸自己的身體動作，但是，我卻認爲是因爲表現出這種心態的弱點才使人無法說出「ＮＯ」。

對於對方強迫似的請求或推銷行爲，嘴上雖堅決的說「ＮＯ」，舉止上卻有這類肢體語

言時，眼明手快的對方立刻洞察你內心正因爲難以抗拒而感到困擾。這是說「NO」時會帶來反效果的肢體語言。

對社會大衆的無意識部份一再地堅持「NO」，使德國人民陷入不幸深淵的希特勒，絕對不會表現出這樣的舉動而裸露自己的弱點。他在演說中能連續一個鐘頭左右保持直立不動的姿勢，也是爲了預防聽衆的趁虛而入。

不善於說「NO」的人，最好反省一下自己說話時有什麼樣的動作。

62 根據親疏關係與遠近的距離拒絕對方

●劃定親密度的距離給對方施予心理上的壓力

俗話中常有「最好和那個人保持距離」或「和那個人相距太遠」之類的表現法。這除了是比喻人與人交往的親密度外，也表示交往中雙方之間的物理性距離。

譬如，從男女兩人並肩而走時所保持的距離，大致就可推測二人之間的親密關係。若是相識不久的男女，在外人面前會盡量保持某種距離，但是，經過無數次的約會，隨著雙方戀情的滋長，多半變得如影隨行一般的親密。

美國的文化人類學家霍爾博士把這種人與人之間的距離分為①密接距離②個體距離③社會距離④公衆距離等四類，而認爲親密度越小距離越大。

譬如，所謂密接距離是指有愛情關係、密友關係，或父子或兄弟的關係的人，彼此在一起時所保持的距離，此距離是密不可分，大至是十五公分到四十五公分之間的距離。換言之，這個距離本來是前述的關係者所保持的距離，也是不容他人侵犯的領域。

我們會因爲所處的狀況而自然了解彼此之間所應保持的距離。譬如，和熟悉的知己所保持的距離當然極爲親近，而老闆與一般職員的距離一般而言都較大。

因此，藉著刻意地去毀壞這種正常的自然距離，使其非正常化，原本的人際關係將因之而扭曲。換言之，藉由距離的非正常化以傳達「無法接受」的意思。

譬如，關係親密的人對你有難以開口的請求時，當然會說「直接見面後再詳談吧」。這就是想利用彼此的親密關係以攻陷你的防線。因此，你應該反過來利用心理上及物理上的距離都較遠的電話，或郵件等給予拒絕。相反地，老闆的命令多半由遙遠的辦公室間接的傳達過來。

這時，碰到無論如何必須拒絕時，只要採取超越以往所保持的社會距離，以密接距離的做法即直接進入社長室陳情就行了。

無論那一種情況，當自己平常的勢力範圍不被重視，會感到心理上的壓力。因此不必藉由言詞，只從動作、態度中也能清楚地讓對方得到「NO」的訊息。

63 難以開口的事在對方的背後說

●在看不到對方視線的位置說「NO」，心理負擔較輕

在餐廳等地單獨進餐的女性一發覺鄰桌客人的視線正朝其投注時，舉止動作會突然變得彆扭起來。平常口齒伶俐的人，在衆人面前有時也會變得吞吞吐吐。這乃是在意他人的視線而感到不安。

心理學上認爲這種現象的典型是當人站在舞台上所感到的不安，而稱其爲「舞台恐懼（Stage.fright）」。站在衆人面前會緊張的現象也可以說是這種舞台恐懼所造成的。

同時，除了是刻意要注視他人的眼睛外，一般而言，人對於視線的交錯，即視線與視線的衝突時會感到不安。如前所述的，在自然的狀態下談話時，一般人都會注視對方的眼睛。根據英國的心理學家愛克斯來恩的研究，認爲雙方視線的交合大約是一次一秒的程度，只不過佔全談話時間的百分之十～三十而已。

根據這兩個事實，英國的心理學家麥克・亞蓋爾提出了一份有趣的報告。就是調查說話者與聽衆的接觸條件不同時，所感到的不安有何差別。

報告指出最令說話者感到有安定感的是站在聽衆的後方，其次是帶著墨鏡時，第三，是站在偏離聽衆的位置時，第四，是一般的狀態，第五，亦即最另人感到不安的是聽衆帶著面具時。

換言之，當被他人注視時，而且自己的眼睛正被注視時會感到不安。如果站在聽衆的後面，由於自己的眼睛及身體不會被他人察覺，在心理上當然會感到安定的。而帶墨鏡之所以居第二位，乃是因爲自己的眼睛不會受到注視，而帶口罩時令人感到不安乃是因爲其他人的注意力全在自己的眼睛上吧！一般人常說外科醫生的眼睛具有相當的權威性，一定也是因爲帶了口罩而強調了眼睛的關係。

根據這些事實可以引導出說「ＮＯ」的技巧。譬如，端茶給客人時順勢從其身後或側邊開口說：「關於那件事，我實在……」就比較能夠說出「ＮＯ」了。

拒絕朋友要約打麻將時，從背後拍起肩膀說：「今天就饒了我吧！」一定比正面表示拒絕更容易開口，而且也不會給彼此留下疙瘩。大家應該多加利用人的背後不長眼睛的事實，而開口說「ＮＯ」。

64 不要伸手去摸對方拿出來的東西

●無視於對方所端出來的茶點，預防與對方親密化

您是否曾經在百貨公司的現場販賣中看過這樣的場面。好奇的顧客們剛開始只是三三兩兩圍在外面觀賞現場販賣者的演技。不久，現場販賣者會把商品交給二、三名顧客說：「太太，請拿起來看看。這位太太您也拿起來看看。」

這時，周遭的顧客會爭先恐後地拿起商品左顧右瞧……。讓顧客拿起商品實際確認的方法看起來似乎是衝鋒陷陣的販賣方式，其實這當中卻隱藏著操縱心理的陷阱。

販賣者的目地並不是讓顧客確認商品，而是藉由觸摸商品以製造顧客容易接納該商品的心理狀態。換言之，這譬如親子間的肌膚之親，「觸摸」是一種「親密行為」，當對象是物品，則會讓人陷入容易接納該對象或其周遭狀況的心理狀態。

說「NO」時，這樣的心理狀態當然是最忌諱的。常可看到被遊說拿起推銷員所帶來的商品或根本不打算購買的領帶試用時，結果竟落得不得不購買的地步的例子。不僅是商品而已，商場上生意的洽談亦然。

有一次，某貿易公司的職員到顧客那兒談一筆他不太感興趣的生意。由於他匆忙地換了外套，口袋裡的打火機、筆記用品等全遺忘在自己公司的櫥櫃裡。

當他在顧客處開始進行交涉時，舉凡審合書類、計算數字都必須藉用對方所拿出的文具用品。因此，他感到無言的壓迫感，而不知不覺中覺得難以向對方開口表示拒絕。

爲了避免不必要的親密關係，應該留意不要伸手觸摸對方所拿出來的物品。

65 階段性地從態度上表示「NO」

●利用二段追擊作戰方式應付執拗的對手，傳達否定的身體語言

我想各位已經非常清楚動作或態度也是一種可以表示堅決意志的「語言」。不過，和文字或聲音的語言比較之下，其缺點是程度的輕重很難拿捏。如果能利用口頭上的言詞做爲補助身體語言的表達，自然可以不必苛求。

但是，利用動作來表現拒絕或親密的意思時，由於很難表達是何種程度的拒絕或親密，碰到對輕微的否定態度也不知難而退的人時，則必須表現更進一步顯示拒絕姿態。

美國加州大學羅伯・梭鏝博士的研究指出，據說當人的隱私部份受到侵犯時，多半會在下面的兩個階段傳達否定的身體語言。

搖晃上半身、晃動腳部、用腳尖擊打地板等的動作是屬於第一個階段。這是一種拒絕的前奏，表示「你再靠近會令我覺得焦躁不安」的意思。

而屬於第二個階段的動作是閉上眼皮、撫摸下巴、縮著身體等。據說這些動作是表示「你已經進入我的勢力範圍，你的存在令人不快」的意思。

當然，最後的動作是意圖使自己退避到不會被侵犯的場所。

從上述的說明不難發現這些都是我們日常常有的動作。面對執拗的請求者，各位可以試著首先擺動腿部、或用腳尖擊打地板，然後閉上眼睛撫摸下巴等，利用二階段的追擊作戰方式使其撤退。

66 置身於對方無法接觸的距離、位置

●置於身體接觸的圈外，避免落入對方的圈套

人是最招架不住身體接觸的動物。有時只因爲身體被接觸，在不知不覺中就與對方產生共鳴。尤其是女性似乎比男性更具有無法抗拒身體接觸的傾向。

某演藝圈的星探的一句名言是「並非遊說女孩進入演藝圈，而是利用身體接觸使其主動地想要進入演藝圈」。女性似乎較具有因「一觸即發」而被迫說「YES」的危險。

據說老練的推銷員其推銷的秘訣中的訣竅之一是輕輕碰觸對方的身體。如果過份接觸會令人厭惡，動作太小又無法感應對方。

據說在造成失禮的邊緣的輕微肢體接觸才是影響推銷成敗的重要關鍵。手腕高明的推銷員剛開始即使和顧客正面對談，但是，他們會藉著說明的機會，趁勢坐近對方的身側。這也是因爲想要佔據容易接觸對方身體的探試。所以，爲了順利地拒絕對方的請求，不讓對方接觸身體乃是重要的條件。

換言之，讓自己處於身體能接觸到的距離之外，在對自己有利的位置上發言可以說是容

易說「NO」的有效手段。

本來人之所以抵擋不住身體接觸的現象，據說是人與生俱來、無法抹滅的原體驗「印象（imprinting）」所造成。諾貝爾獎得主、動物行動學者孔拉克・羅蓮之在其所著『所羅門的戒指』一書中，舉出孵化後剛學走路的小雁子以爲在它身邊的羅蓮之是其父母，對其特別親切的例子。

所謂「印象」正如這個例子所示，是指在出生之前或之後的時期所獲得的反應。

以人類而言，最近的人類學說認爲「印象」是在母親的胎內就獲得了。譬如，身體接觸之所以變成「印象」也是在受胎其間母親輕撫自己的腹部所造成的。因爲人在胎兒期就以親身體驗記憶被撫摸時的舒適感。

而且，這種「被烙印」的感覺具有不可否逆性。正如無法消除的刺青一樣，將伴你度過一生。換言之，無形中受到強烈的支配。

67 持續拒絕的動作，堅定「NO」的意志

●持續表示「NO」的身體語言，以補助自己本身的「NO」的意志

說「NO」的確是令人爲難的事。眼前請求者那冀望求援的眼神、世俗人情所糾葛的人際關係、自己說「NO」時可能造成對方的挫折感……。一想到這些，本來打算說「NO」的意志就開始動搖了。有時因爲招架不住這些思慮的壓力，竟然脫口說出自己從未想過的「YES」而感到後悔。

爲了避免這種失敗，貫徹「NO」的意志可以利用「NO」的動作由外側補強心理內側的「NO」的意志。這個現象在兒童身上經常可見。有時根本沒事，卻只是想引起父母的注意而「假哭」，結果竟然嚎啕大哭。因爲，雙手掩著眼睛，發出哭聲，哭泣的「架勢」完成後哭泣的感情就隨之而來了。

美國的心理學家威廉·傑姆斯認爲「感情是可以藉由調整動作而間接地獲得調整。當失去快活時，表現出快活的樣子並開口說話是恢復快活的最好方法」。他更主張給予身體刺激就能引起反射性的身體變化，結果產生了感覺，而有悲傷或高興的情緒的學說。當時一名叫做C·G·藍得的心理學家也有同樣的論調，因此被稱爲傑姆斯藍得理論。

藍得有句流傳於後世的名言是「人並非因悲傷而哭泣，乃是因哭泣而悲傷」。但是，這個學說後來經過各種實驗被否定。不過，這個觀念卻是促使身體與感情、情緒之間生理關係的研究正統化的契機。

拒絕的意志也是因爲採取拒絕的動作才產生。所以，最好隨時確認自己的意志並利用動作給予補強。

利用動作・態度來表示NO的方法⑫

穿著正式服裝一絲不苟

從頭到腳打扮的一絲不苟的人，給人難以親近的印象，同時也是不願意受人干涉的訊息。

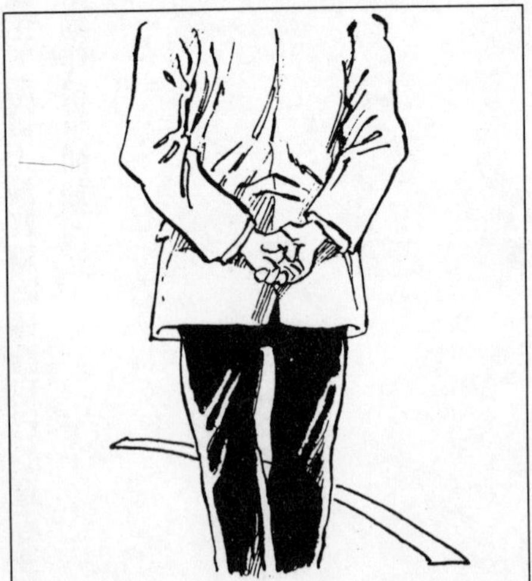

步行時雙手握在身後

雙手交握在身後，稍微低著頭走路的姿勢彷彿進入某種沉思，其實也是拒絕他人接近的心理表示。

第五章

利用道具說「NO」的技巧

●「總覺得難以開口」

【本章的重點】如何擴大自己的勢力範圍

人對空間的感覺其實是一種心理作用。物理上的大小與心理上的大小並不一定成正比。換言之，人並非因爲空間的狹窄而認爲是狹窄。

我之所以提這些事，乃是在說「NO」的心理作戰中，這種心理上的空間掌握方式是非常重要的基礎。

爲何心理上的空間和說「NO」有關呢？這一點和人所具有的「勢力範圍」的感覺有密切的關連。提起「勢力範圍」常令人聯想到流氓團體，其實此「勢力」並非彼「勢力」。在人與人之間的溝通上，人在無意識中非常重視這個「勢力範圍」。其證據是我們常會利用許多小道具以擴大自己的「勢力範圍」或侵入對方的「勢力範圍」。而在自己的「勢力範圍」下比較容易說「NO」。

衆所皆知，動物的「勢力範圍」的感覺非常發達。當他人侵入其「勢力範圍」時，會被當成敵人並受到攻擊。這一種感覺是一種本能，是動物維護以生殖活動爲中心的生活最重要的原則。

「勢力範圍」的感覺本來是動物行動學的研究所延伸出來的主題，但是，最近在人際關係的研究中這個感覺受到相當的矚目。因爲，人與人相處時我們會在無意識中運用這種「勢力範圍」的感覺。

譬如，出席自助式的餐會時，觀察宴會中暢談愉快的人，會發現交談者彼此所保持的距離遠近不一。這個距離的遠近會隨雙方關係的親密度而變化，距離越近的其關係越親密。同時，圍著桌子談話的人也許可以認定是比並排著談話者的關係較不親密。這時，如果把煙灰缸稍微挪向對方，對方在霎那間會有錯愕的表情。據說這是自己的「勢力範圍」被對方侵犯時的憤怒或不安的表示。

由此可見，人在許多場合會無意識地調解與他人所保持的距離。而刻意地做這樣的調解就是利用小道具說「ＮＯ」的方法。

另外，必須附帶一提的是，這些小道具具有有效地利用的生理性反應的功用。簡單地說，利用人難耐空腹的生理性反應，設計在空腹時說「ＮＯ」。

68 利用香煙或煙灰缸侵佔對方的「領域」

●利用小東西擴大自己的領域，取得心理上的絕對優勢

利用口袋裡的東西可以簡單地表達「NO」的意志。也許有人認爲這個說詞有點誇大之嫌，但是，香煙盒、打火機、袖珍小說、口香糖、零錢袋、鑰匙串等小東西，只要懂得運用都可以成爲拒絕對方的有力武器。

譬如，假設與對方隔著桌子相對面而坐。首先，拿出香煙抽一口煙，然後把香煙盒放在自己的手邊，接著隨著談話的進行慢慢地把香煙盒推向對方那一邊，然後在煙灰缸上彈煙灰。當然，彈煙灰時也悄悄地利用手指把煙灰缸推向對方那一方。

點燃香煙之後的打火機在手邊玩弄的過程中，也若不經意地擺在對方的附近。這麼一來煙灰缸、香煙盒、打火機等都排放在接近對方的位子，一切準備就緒。在物理上、心理上您已經比對方更處於優勢，而進入隨時都可輕易說出「NO」的狀態了。

當我們與他人隔桌相對而坐時，在無意識中會以桌子的中間線平分雙方的領域。雙方在暗默中都了解彼此在物理上是處於對等的立場，但是，利用小東西侵入對方的領域等於是擴

大自己的「領土」。對方由於自己的勢力範圍受到侵犯在心理上必定產生動搖。

在動物的世界中，最常爲人知的是猴子的勢力範圍之爭。但是，人類卻不像猴子那樣會露骨地表現行動，而且一般也鮮少爲此在意。正因爲如此，勢力範圍的侵佔才會造成對方心理上的負擔、自卑，使其處於不利的立場。

彼斯蒙特・摩理斯把人類稱爲「赤裸的猴子」，原意就是利用小東西刺激文明之猴的人類其意識下的動物性感覺。

有一名男子利用這個手法而獲得成功。他本來是在全美各地旅行推銷輪胎的推銷員。當他向顧客進行推銷之際，就是利用同樣的方法而獲得成功。他到顧客處推銷時，經常把輪胎放在自己身邊。

口中滔滔不絕地游說的同時，若不經意地用手搭著輪胎、抓起來、玩弄於手掌間，然後順勢慢慢地推向對方那一邊。結果，對方當然被輪胎吸引，不停地注視著輪胎。推銷員逮著恰當時機輕輕地把輪胎推倒，顧客不得不扶起輪胎。這是故意在談話完畢前讓輪胎落於顧客手中，使顧客不得不答應購買的陷阱。

69 抽一根煙，轉移對方的注意力

●利用一些小動作關閉心扉

筆者常受託於專門機構、電視台或雜誌社，對上班族進行意識調查。讓初次見面的人敞開心扉而探究其內心深處，的確是非常困難的工作。不過，卻可利用某些契機而掌握住使對方開口的機會。譬如，因雙方的興趣相同、彼此孩子的年齡相仿等個人的私生活而促成雙方談得投機的情況並不稀奇。但是，我卻以對方表現出不同的動作時，做爲掌握話題契機的機會。

一般認爲打麻將時抽一口煙是進了好牌的證據。任何人打算有所行動時往往會擺出某種架勢。採訪中本來沉默不語的人想要開口說話時，一定會表現出某種動作，譬如抽一口煙、乾咳、坐好位置等等。這時就是製造話題的時機。

相反地，碰到討厭的人有所請求時，可以利用丟擲香煙在煙灰缸內、拿起眼鏡等動作做爲關閉心扉的暗示。如果一開始就表現出「NO」的姿態，會造成對方的不快，雙方之間也會留下疙瘩，所以，首先必須表現出聽對方發言的態度。但是，如果一直維持這樣的姿勢不

知不覺地會陷入對方的掌握之中。因此，當談話進行到某個階段時，抽一口煙向對方表示「你的談話到此為止」的訊息。也許對方還未發覺而繼續談話，但是，慢慢地必定會察覺聽者在應對上的變化。

趁這時候再點燃根香煙，這時對方會非常在意這些手的動作，而把注意力轉向該處。

這時正是說「NO」的絕妙時機。棒球比賽中會因爲一個小失誤而改變勝負的趨勢，其實利用小道具也能夠製造改變談話流程的契機。

70 以小道具斬斷談話的流程

●讓小道具成爲破壞對方談話的「助手」

據說歌手或電視明星被發覺三角戀愛等醜聞，而不得不接受記者的採訪時，爲了絕對不說出「YES」，經常使用這樣的遁逃手法。

譬如，閱讀手上的劇本、拿起紙巾擦皮鞋、從化粧箱拿出裝飾品或衣物開始整裝打扮、盯著化粧鏡仔細地瞧臉上的粧是否完好。

這些都是與其職業相關的動作，所以，對方不得不中途停止採訪。如此一而再三地斬斷談話的流程，讓對方等待許久之後說「要上鏡頭了，下次再談吧！」而結束對方的採訪。

歌手、電視明星可以說是一種人緣的生意買賣，所以，無法正面地拒絕對方說「NO」是最令他們感到爲難的吧！

當我不得不與不願意碰頭的編輯者或製作人見面時，也經常使用這個手法。我所使用的小道具是事先定時好的鬧鐘。因爲當鬧鐘響起時就可把談話結束，基於這份安全感我都很熱心地聽對方談話。不久，伺機等待的鬧鐘響了。我帶著一臉抱歉的表情嘟喃地說「已經××

點了吧」。

以無言的方式讓對方明白自己拒絕的心意，可以減少自己的心理負擔。不過，也有人使用相當露骨的方法，我所認識的某著名評論家據說把不受歡迎的訪客迎進書齋後，當對方聊得正起勁時卻自個兒整理桌上的名片。這雖然可以讓對方察覺自己的談話比名片的整理更無聊，使其失去說服的勇氣，但是，卻會令人感到尷尬。

不過，據這位評論家所言，有不少神經遲鈍的人根本無視於名片的整理，眞是印證了俗話所說的「人上有人，天外有天」。

據說碰到這樣的人時，他就拿起雜誌開始解其中的謎題。經過一陣腦力激盪拿起筆來塡寫答案時，那些「無神經」的訪客終於也能知難而退。

任何人都具有想博得他人好感的心理傾向。所以，即使是說「NO」的場合也很容易和對方在心情上達成協調。爲了說出「NO」必須破壞這種心情上的共識。而小道具是令對方覺得共識受到破壞的最佳助手。因爲思考對象是從對方移往他處，當然具有中斷對方思考連貫性的效果。

71 把寵物放在膝上聽對方談話

●表現疼愛寵物的樣子讓對方察覺「感興趣的對象並不在你」

某酒吧有一位非常喜歡小狗的老闆娘。眞可謂貌如天仙，覬覦她的青睞而上酒吧的客人可不少，但是，據說到目前爲止還沒有一個男人能夠一親她的芳澤。

我有一名擔任評論家的朋友也是其仰慕者之一。但是，據他所言，一談到話題的關鍵時，對方就把心愛的小狗放在膝上，開始和小狗交談起來，所以，很難得到最後「YES」。一般而言，深夜受邀進入女人的公寓，是表示「YES」的證據，但是，在這種情況下根本無法接近，委實令人同情。

仔細想想這個女人拒絕對方的手法可眞高明。本來寵物對疼愛牠的主人而言等於是自己的分身。換言之，會產生類似心理學上所說的同一化的現象。

有不少飼主會了寵物什麼事都可以做。所以，甚至還會因爲自己心愛的小狗被殺，而發展爲向殺害者復仇的殺人事件。

由此可見，談話中把小狗放在膝蓋上的行爲是表示不想再和你交談，我的興趣對象並不

是你而是小狗，這乃是無言的「NO」的意志表示。

既然深夜帶男人到自己的房間，難免讓男人有非份之想，但是，這時若正面地告訴對方「NO」，情況可能不好收拾。於是不親口說出「NO」而利用小狗向對方傳達「NO」的意思。

作家中似乎也有人經常使用這種手法。

當要談令人不感興趣的工作的編輯，或以爲只要開口要求就一定能替其寫稿的週刊記者前來時，就帶著寵物到客廳會客。談話之初雖然給對方適當的附和，視線卻盯在寵物身上。當他們要求回答時，就和寵物閒聊而對對方的問話充耳不聞。

72 不要讓妻子、孩子在身旁

●隱藏和自己有密切關係的人事物，斷絕雙方之間的心靈橋樑

有句諺語說「射將必先射馬」。若要屈服對方不可直接覬覦主要目標，應該從其身邊事物開始進攻，這乃是兵法之鑰，也是推銷的不二法則。若想要博得顧客老闆的歡心，首先由其太太進攻，想要讓對方購買汽車先吸引該顧客孩子的興趣。這是一般的「推銷要領」或「推銷手册」中所記載的基本原則之一。

對我們而言相當於將之「馬」是什麼呢？正如愛兒、愛女等字眼所示，最親近的「馬」是孩子，其次是「愛妻」。從沒有「愛夫」一詞看來，對妻子而言丈夫似乎是不值得愛的存在。另外還有愛車、愛讀的書等等。

由鐵及玻璃和塑膠所製成的機械竟然還要給予關愛，委實有點奇怪，不過世界上倒是有不少因爲自己心愛的車子被數落而大發雷霆的人。

由此可見，我們的周遭有太多容易被敵人射擊的「馬」。無怪乎馬上之將會那麼輕易地被攻陷。該如何避免這個試探呢？方法只有一個，就是不要讓敵人看到自己心愛的「馬」。

碰到必須回絕的事情時，千萬不要讓妻子、孩子同席。

本來，我們之所以招架不住談及妻子、孩子的話題，乃是因為心理學上所謂的「自我關係」機能的作用。所謂自我關係是指自我與其對象物密接在一起的狀態。

一般而言，人判斷的範圍幾乎全面地決定於自我與對象物之間的關係，所以，當對象物被讚美時，會錯覺地以為自己也被讚美。

寵物就是這種自我關係的對象物之一。所以，表示拒絕時最好不要擺在身邊，但是，如果對方是熟識的人，彼此之間已經架設了某種程度的心靈之橋。為了切斷雙方心靈的橋樑必須利用寵物做道具，但是，如果開始就不願意與對方建立心靈之橋，最好不要把自我關係的對象物擺在身邊。

「事物的運用全在於人為」，小道具也會因人的使用方式而有表裏之別。所以，若想要斷絕與對方之間的心橋，也可抱孩子在膝蓋上藉此岔開話題。總而言之，使用小道具的方式必須隨著目的而改變。

73 利用服裝傳達「NO」

●利用人對服裝的先入觀，以視覺告知「NO」

由於每個人對服裝所擁有的固有先入觀的影響，服裝給予他人的印象比想像中的還要深刻。對於服裝的先入觀，美國的心理學家雷歐納特．畢克曼有一項頗饒興味的實驗。他的實驗是在紐約的甘迺迪機場及Grand・Central車站的電話亭裡的架子上，擺著一個隨處可見的一角硬幣。當打電話的人進入電話亭，經過兩分鐘後拍打電話亭的門，詢問對方：「對不起，我在這裡掉了一個一角硬幣，請問還在不在？」

據說還硬幣的比率是，詢問者穿著整齊的服裝時是百分之七十七，而一身破爛的打扮時是百分之三十八。

畢克曼的解釋是「在電話亭裡的人被打扮得整齊的人詢問時，也許認爲既然對方穿的體面，一定是有什麼重要的事情吧！而面對一身破爛的人，也許是爲了避免與對方有所關連而不顧及其詢問的內容，立刻就以『NO』回絕吧！」

換言之，很難被社會接受的服裝自然受到排斥。諸如這般，我有一名學生就是利用人對服裝的先入觀而巧妙地說「NO」。

他大學畢業後進入某公司上班，當時，有一名上司和他處不來。他很想給對方一點顏色看看卻找不到機會。如果弄巧成拙可能會被責難爲「年輕人神氣什麼！」因此，他心生一計，和同期入社的同事約定，出席會議時全體穿著花襯衫、打一條鮮豔華麗的領帶。

結果，這個作戰方式巧妙地成功了。他們不但對上司的意見成功地說了「NO」，而且，平時囉嗦不停的上司連一句反駁的餘地也沒有。

一般而言，在年長者的眼中年輕人的華麗裝扮是對他們的一種排斥的表現。這名學生就是反用這種先入觀，穿著代表「判逆性的年輕人」的服裝，成功地讓上司以爲「穿著這種服裝的年輕人，當然會對我們的意見表示反對、排斥」。

同時，若要拒絕在同一個工廠工作的同事時，有些人會更換便服後再表示拒絕。因爲，穿著同樣的工作服就難以拂卻彼此間的同伴意識。總而言之，服裝對視覺有強烈的訴求，所以，利用服裝而說「NO」的方法非常具有效果。

74 在傍晚拒絕對方

●利用心理上、肉體上的疲勞度達到最高峰的時間帶而說「NO」

日本的古語中以「逢魔之時」表示傍晚的時刻。據說古時候的人深信傍晚是人的時間與神、魔鬼出没的時間交替的時刻。因此，以「逢魔之時」表示傍晚是很容易發生災禍、被妖魔鬼怪所誑騙的時刻。

這個詞對於從事心理研究的我們而言頗饒趣味。因爲，從現代的心理學、生理學來看，傍晚的時刻的確是「逢魔之時」。

晚餐前的四時到六時左右，是生理上及肉體上的疲勞度達到最高峰的時刻。因此，會產生焦躁不安、思考力減退的現象，也很容易受到暗示。是心理學上所謂的 Body ‧ Time（生理時鐘）最不順暢的時間。

所謂 Body ‧ Time 是指支配人身心的「自然」的韻律。

譬如，一天二十四小時中我們並不是都處於同樣的狀況。有時精神非常舒暢，做起事來充滿幹勁，有時效率卻非常差。生理時鐘的好壞所表現出來的成果有如天壤之別。一般認爲上午最適於用功，乃是因爲多數人在早上的時刻是處於良好的 Body ・ Time 。

相反地，對多數人而言，不良的 Body ・ Time 是傍晚四時到六時之間。據說這段時刻也是最容易發生交通事故或工廠事故的時刻。同時，「傍晚買鞋子」是因爲腳掌到了傍晚由於疲勞過度會呈現浮腫，這時才能買到最合適的鞋子，這可說是人從生活體驗中所獲得的智慧。

研究 Body ・ Time 而給予有效利用的是希特勒的「傍晚集會」。希特勒就是以身心都處於不安定狀況的這段時間爲小道具，巧妙地對大衆進行煽動。由此可見，下午四時到六時之間可以說是讓對方認同「ＮＯ」的最佳時間。因爲，任何人在疲倦時很容易落入對方的圈套，思考、反駁、說服的能力也降低。

當然，對方處於不好的 Body ・ Time 時，自己也處於同樣的狀況，所以，必須刻意地脫離這種負面的狀態。

利用午休改變時間的流程是最好的方法。如果無法午休時，可以藉著塡飽肚子或鬆開領帶等方法使身體感到舒適，這樣就能使生理上、心理上都處於優勢。

利用動作・態度來表示NO的方法⑬

傾斜著肩膀聽對方談話

不以正面的姿勢聽對方談話，而採取傾斜著肩膀聽話的姿勢，是表示對對方的談話充耳不聞的心理。

傾斜著身體雙手交握在胸前

傾斜著身體雙手交握在胸前，是帶著批判性的態度聽對方談話的訊息。而傾斜著身體比正面面對對方時更可以委婉地表達出自己的意志。

利用動作・態度來表示NO的方法⑭

身體慢慢地的往前彎曲

手搭在桌面上身往前伸的姿態，漸漸地彎曲上半身的動作，是想要斷絕對方滔滔不絕論說的訊息。

頭部稍微朝下

頭部稍微朝下，話語顯得低沉是想要趁早結束話題交談的表示。

75 拒絶對方時絶對不可一起用餐

●不要製造造成親密關係的前提條件

常見有人抱定堅決回絶的意志而外出，卻被對方邀約「我們邊吃飯邊聊吧」，結果無法拒對方而鍛羽而歸。

拒絶時最忌諱和對方共同進食、喝酒。『韓非子』中也有這樣的例子。

中國古代殷王朝的湯王有一名家臣叫伊尹，他連續七十回向湯王陳情卻一再地被回絶。因此，伊尹想出一計，每天替湯王準備三餐的料理，湯王終於習慣了他的料理，不久湯王就把國政委任給伊尹，雙方的關係變得非常親密。這是因爲湯王由於進食伊尹所料理的食物，而難以對其表示拒絶的關係。

據說沖繩的結婚典禮的習慣中，有一個「共食」的儀式。這是今後將成爲一對夫婦的男女在太陽東升的地方，面向海岸二人共食供桌上生魚的習慣。從這個共食的習慣中令人發現夫婦矢志分擔一切的樸實表現。

飲食以外的金錢借貸或鄰居間的交往是一種社會關係，是人爲了生存親自所選擇的關係。但是，吃、喝是一種「本能關係」，是與原始的生物性有極爲密切的關係。正因爲如此，在結婚典禮上利用共食或飲交杯酒以確認做爲人際關係基礎的夫婦關係。

「喝交杯酒」或「吃同鍋飯」之類的表現可以說都是表示了創造親近人際關係的前題條件。

語言學上也有類似的前題條件。譬如，Communication（溝通），Companion（同伴），Community（共同社會）、Common（共通的）等表示「親密」的語詞，在語頭上都加上「Comm」。這個語詞是來自拉丁語的Commne，亦即「共有財產」。

Companion 這個詞本來就是以利益均分的同伴爲前題，而命名爲Community的社會也是指利益均攤的成員所組成的團體。

換言之，「分擔」是親密的基本條件，其中分擔對人類而言最重要的爲食物，亦即「共進酒食」乃是親密的象徵。

即使雙方的關係是「酒食之交」，如果採取各自分賬的方式，會消除心理上的負擔，拒絕他人時也比較不感到爲難，不過，共同吃、喝的行爲本身在無意識中就把二人連接在一起。在這種情況下當然難以拒絕對方了。

76 背著光線而坐

●利用背後的燈光使自己顯得巨大

我有一名朋友由於資金籌措困難，到街坊金融業者處調頭寸卻被回絕。據他所言，這名業者不知是否有意，其拒絕方式可眞巧妙。

該金融業者約定見面的時間是晚上八點。對談生意而言這個時間是太晚了，不過，被招待進客廳後，當事者卻遲遲不露面。後來，業者打開門進入客廳，說了一句「啊，讓你久等了。」坐在沙發的同時，順勢點亮背後桌上的檯燈。

據說我的朋友這時才發覺房間的燈光顯得陰暗，只有該業者的周遭由於後面檯燈的照射，顯得特別明亮而刺眼。不知是否該業者如此故意安排，在這樣的狀況下令人很難開口說明來意。他慨嘆地說也許是自己的說服題材太薄弱了，不過，無形中卻感到膽怯。

處於比對方更優勢的立場是說「NO」的必要條件。而這個例子中所出現的「光」正是此要訣之一。

背對著光線時，會發揮與影子同樣的心理效果，使自己顯得比實體更大。同時，從視覺

心理而言，由於人很難適應光線的失調，當明暗突然地改變時，爲了適應光線的變化會產生「順應」的現象。在「順應」完了之前會有一段心理上的動搖過程。

據說美國的警察在詢問嫌犯時經常利用光線的明暗所造成的心理動搖。偵訊者坐在比較陰暗的場所，嫌犯則坐在慘白明亮的電燈下。這時偵訊者往往利用嫌犯心理的動搖而誘導其招供。

由此可見，背向著光線除了可以使自己顯得比實體更大之外，還具有利用明暗的差別使對方產生心理動搖的作用。

77 在播放爵士樂的咖啡店拒絕對方

●利用消除親密感的快調旋律破壞柔和的氣氛

您是否邀約對方到播放著情調音樂的咖啡廳，向對方表白「NO」的心意呢？與情人分手、想要拒絕的生意、無法接受的請求，無論是那一種情況，這種場合絕對對你毫無助益。

當你不得不和異性朋友說再見時，請回想一下和對方變得親密的情景。咖啡廳裡柔和的情調音樂應該是促成你們更進一步交往的幫手吧！

的確，輕柔的情調音樂會使共同傾聽音樂者加深彼此的親近感。因爲它具消除警戒心、不安或緊張的效果。飛機在離陸或降落時機艙內所播放的音樂也是這種類型的輕音樂，其原因也在此。

所以，情調音樂會拉近雙方的距離，而製造難以說出「NO」的氣氛。它甚至可能使情人重修舊好、購買本來無意採購的物品，或接受本來想要推辭的職務。

爲了避免這種狀況，建議各位利用快節奏的曲調。在熱門搖滾或爵士樂轟隆作響的咖啡廳裡，常見顧客閉目養神或陷入沉思的情景。

在這種場所很難產生勾肩搭背的說悄悄話或彼此談得熱絡投機的親密關係。即使是堅決地想要令對方說出「YES」的人，也會發覺對方並無心交談而掉頭離去。

快節奏的音樂和情調音樂正好相反，它可以避免落入對方的圈套中，使對方不能要情調音樂之詐而得逞。

78 把對方叫到自己的桌前

●利用自我延長的桌子製造心理的壁壘

上班族都有過這樣的體驗吧！辦公室裡的桌子或椅子，會根據在座者的地位而有微妙的差異。譬如，一般職員所使用的辦公桌只有單邊抽屜，而課長級的人則使用左右各有抽屜的辦公桌。桌子的面積也會隨階位的高低而有大小之別。即使是椅子也會根據職位的高下而有大小、有無扶手等的區別。

換言之，辦公室裡的桌子或椅子是商場界中直系社會體制的象徵。

但是，桌子或椅子的差別並不只是象徵地位的高低，有時也是做爲促進公司內溝通的手段。

我有一名任職於商場界的後輩曾經告訴我，與其公司有交易往來的某公司據說教導職員必須招待來客坐在負責人的桌前。他一臉狐疑地說：

「我不懂是怎麼回事，但是，坐在那個位置上感覺不太舒服，往往話到嘴邊就說不出口了。那張桌子到底意味著什麼？」

各位上班族是否有過這樣的經驗。本來與上司無所不談，但是一旦被叫到他的桌前時，卻感到拘束而不知該如何開口。

爲何會有這麼大的差異呢？因爲，辦公桌乃是上司的自我延長，而且也是無形中防衛他們的壁壘。

因此，爲了方便向部屬下達命令，上司必須擁有更大面積的辦公桌以延長自我。

有些平常顯得忠厚老實的人，一旦握起方向盤彷彿判若兩人般變得粗暴。這種人看到其他車輛超越在前時，往往使勁地追逐該車輛而且不超越對方不干休，這也是因爲自己的身體領域擴大到車身，所以，當他人存在於平常並不在意的距離時，會感到自己受到了侵犯，這是自我擴大到車身的緣故。

由此可見，想說「NO」時，辦公桌也是有利的武器。

譬如，不要到對方的勢力範圍說「NO」，應該把對方叫到自己的桌前。因爲，你的辦公桌是你自我的延長，藉此能夠輕易地說出「NO」，同時，由辦公桌形成一道無形的心理壁壘，也會助長你說「NO」的勇氣。

79 讓對方坐硬板凳

●讓對方的臀部感到疼痛，以傳達無言的抗拒

對訪客而言，與對方交談的過程中，和其肢體有最密切接觸的可以說是椅子吧！所以，椅子應當可以成爲說「NO」的武器之一。

據說餐飲業的經營守則是「必須使用硬質的椅子」。因爲，椅子如果過於柔軟使人坐起來覺得舒適，會造成顧客久留不去，使得顧客無法陸續地交替而失去利益。

被讚譽爲飯店之王的肯拉特・希爾頓也曾經以「硬板凳」的方針而大獲成功。飯店的大廳如果陳設柔軟舒適的椅子，任何人都想在該處久留，根本無法從顧客身上賺取一毛錢，因此，希爾頓訂定了在大廳使用硬質椅子，餐廳使用柔軟舒適的椅子的方針，誘導顧客走進需要消費的餐廳。

學校的教室絕對沒有坐起來令人感到舒適的椅子。公司的職員訓練中經常使用木質的長板凳。教會中的板凳刷洗得油亮光滑卻令人感到冷峻。這些無非都是藉由椅子警告坐的人「你並不是在此休息」，命令他們撇開自我主張，誠懇地傾聽老師或牧師的談話。

由此可見，讓對方坐在硬質板凳上，可藉由椅子傳達自己的意思。想要早點結束談話時

，與其明白告知對方，不如透過對方臀部所感應的疼痛感，反而較能巧妙的傳達無言的拒絕。如果讓推銷員坐上舒適的沙發上，不僅無法說出「ＮＯ」，反而是允許對方長居久留的表示，甚至接納其說服。

為了避免對方的「久留不去」，最好的辦法從其臀部進攻使其不敢任意逗留。

80 招待對方到隱私的場所

●令對方感到窺視他人隱私的罪惡感而使其失去戰意

有一次，由於工作的關係必須請求某大學教授的協助。我事先用電話與他連絡，雖然他顯得不太感興趣的樣子，總算願意和我碰面後再談。這時，我自信滿滿地以爲絕對能讓對方說「YES」。

因爲，我專攻心理學，自認比其他研究領域的學者更懂得說服的心理技巧。但是，對方竟然比我更勝一籌。

依指定的時間到他家拜訪時，他指稱「客廳太亂了，到我的書齋來吧」。於是我被安排坐在從另一個房間拿進來的椅子上，他則坐在他的桌前與我正面而對。接著我們開始了談話，但是，冥冥中卻感到自己處於劣勢，本來充滿自信的我卻顯得吞吞吐吐。

他是大名鼎鼎的老煙槍，滲透在房間四周及書籍上有如他的體臭般的煙味，不時地壓迫著我。結果，我沒有達成目的就轉身告辭了。

我完全敗在他的心理戰術下。招待我到他的書房這一點正是他的巧妙之處。

如果這是客廳等半公共的場所，我大概也不會如此地慘敗吧！充滿著體臭的書房一般是不招待客人的隱私場所。

竊視他人的隱私在現代社會中是一種禁忌，因此，涉足他的書房的我，不得不感到觸犯這個禁忌的輕微罪惡感。

由於這次的教訓，從此之後我在擊退想要拒絕的人時也經常利用這個手法。而且成果斐然。當然，這個方法並不一定要招待訪客到書房。

總而言之，只要誘導對方進入自己的私人領域。譬如，內廳或起居間都能夠發揮這樣的效果。

若能令對方意識到侵犯他人私人領域的罪惡感，就能迫使對方陷入心理上的不利立場。

81 在根據地與對方溝通

●製造以衆擊寡的狀況

職業棒球中的任何球團都有屬於自己的球場。以日本職棒而言，巨人隊是東京的巨蛋球場，橫濱大洋是橫濱球場。

在自己球場內的比賽的勝率都較高。這是因爲有衆多支援自己的球迷，球員也習慣於球場的狀況，這對選手的心理有好的影響，所以能夠表現比實力更好的成績。有些選手一回到自己的球場就彷彿如釋重負。

談話時也深受場地的影響。在一切熟悉的自己家裏，一定比在他人家裡談話更能處於心理上的優勢。

「殺進敵陣」這個表現法中，並不只有敵人是攻擊的對象，連代表對方自我的牆壁、地板甚至小狗、書籍都是敵人。因此，心理上感到特別緊張，而陷入無法完全地表達自己的意圖就退場的地步。

碰到必須說「NO」時，這種心理上的敵人更會壓迫說話者的心理。所以，在能夠支持自我的根據地進行交戰是非常重要的。這也正是根據地存在的理由。

但是，根據地並不侷限於自己的家。即使是在咖啡店或酒吧與對方見面的場合，帶對方到自己常去的店裡就能使自己處於優勢。因爲，熟稔的桌椅以及親切的老闆或經理可以成爲支持自我的有力伙伴。若能製造以衆擊寡的狀況，使對方處於孤立就能穩操勝算。

假設對方仍然執拗不休地進攻時，可以請求同伴或店裡的人支援。隨時都可獲得援軍也是根據地的利點之一。對方由於擔心四處有伏兵，自然會陷入不安的情緒中。

說「NO」的秘訣之一是使自己處於有利的狀況。而根據地是使人覺得舒適又可以使自己處於有利狀況的場所。

82 讓對方坐在寬敞房間的正中央

●令對方坐在遠離牆壁或角落的位置使其感到不安

一般人都不願意不受歡迎的人長居久留。因爲，雖然一再地表示拒絕，如果讓對方久留恐怕會因爲某種技倆而被其說服。爲了儘早讓對方打退堂鼓，最好的方法是讓對方顯得不安。而方法之一是讓對方坐在寬敞空間的正中央。

根據空曠電車內位置佔據法的調查報告，一般人都從角落的位置開始佔據位置。咖啡廳也是一樣，絕對沒有人在一開店就坐在正中央的位置。多半是由牆壁、窗邊或隔間處開始佔位置。最近的咖啡廳很懂得人在這方面的心理作用，不論哪個坐位都盡量安排成有牆壁或隔間的配置。

這是因爲人處於牆壁或角落等較穩固的地方較能感到安全感，所以，越遠離這些地方越感到不安。

彷彿遠離大地航向茫茫大海的船員一樣，會感到離地的不安，或被遺棄在大海的孤島上的人由於渴望陸地而變得歇斯底里。

總而言之，寬敞空間中的正中央位置是令人感到徬徨的場所。

據說在生物學的領域中也有所謂的「角落效果」。生物在築巢時多半從其所處的空間的角落開始進行，移動的路線也不藉由最短距離的直徑，而採取延著側壁而行的路線。不論是人類或動物在其行動中往往有追求避難所的傾向。

因此，若想要讓對方感到焦慮不安，最好令其坐在遠離側壁或角落的位置。譬如，寬敞的咖啡廳或教室、辦公室的中央位置。最好避免讓對方坐在舒適的客廳或咖啡廳的角落。

83 背窗而坐

●利用背窗的位置以調整說「NO」的有利條件

任何人都有過這樣的經驗吧！在小學或中學被老師叫到辦公室時的那種忐忑不安的情緒。至今回想起來還令人覺得膽怯。

雖然，被叫進辦公室並不一定會受到指責，但是，辦公室的門令人感到沉重，同時，走進辦公室裡發覺老師有著異於平常的威嚴，只是一間辦公室卻令人有這麼不同的感受。我覺得這是我第一次意識到房屋所具有的無言壓力。

這種感覺和上班族被叫進總經理室的緊張感是一樣的。走進總經理室說起話來變得吞吞吐吐，當自己的提案被否決也無法給予反抗等等，身爲上班族者都有過這樣的體驗吧！

不論是辦公室或總經理室，之所以令人感到這股壓迫感當然是來自老師、總經理等職位的壓力。但是，房屋的構造本身也會給人壓迫感。大型辦公桌、昂貴的擺飾品、衆多而顯得威嚴的書籍等，令人感到壓力的道具不勝枚舉，不過，當對方是採取背窗而坐的情形也具有不容忽視的重要性。

人背窗而坐時，玻璃窗那冰冷的質感會使其下達的意旨顯得更堅決。相反地，站在窗戶前面的人由於視線朝外，有各種事物進入視界而無法集中注意力。若是無法看見外界事物的毛玻璃，據說那種不明顯的亮度也具有使面向窗戶的人感到不安的效果。

同時，還附帶著背光的效果。職員的臉部受到由窗口投射而來的光線的照射，相對地，上司的臉部則隱沒在陰影下很難看清其表情。

據說在美國爲了強調這個效果，多半把以角落辦公室做爲總經理室，所謂角落辦公室（Corner・Office）大廈的角落，亦即位於兩窗之間的房間。這個位置會使背窗的效果倍增。而且，許多公司之所以會把總經理室設在大廈的最高層，也是藉此象徵公司完全在總經理室的掌握之下，同時更有助於提高窗邊的效果。

這個方法當然也適用於上司與職員之外的關係。在辦公室或咖啡廳、餐廳等處與人會面時，必須搶先坐在背窗的位置。這麼一來就能處於能輕易說「NO」的優勢。

在家裡對太太或兒女說「NO」時也必須採取這樣的位置。

利用動作・態度來表示NO的方法⑮

蹲著仰頭看人

蹲的姿勢本來是服從的表示，其實除了服從外，也是隱藏著想要攻擊對方的激烈性的防衛訊息。

身體面向出口

談話中身體突然面向出口，是表示「想要儘快結束談話」「想要回家」的心理狀態。

大展出版社有限公司	圖書目錄
地址：台北市北投區11204 致遠一路二段12巷1號 郵撥： 0166955～1	電話：(02) 8236031 8236033 傳眞：(02) 8272069

• 法律專欄連載 • 電腦編號 58

台大法學院 法律學系／策劃
法律服務社／編著

①別讓您的權利睡著了1	200元
②別讓您的權利睡著了2	200元

• 秘傳占卜系列 • 電腦編號 14

①手相術	淺野八郎著	150元
②人相術	淺野八郎著	150元
③西洋占星術	淺野八郎著	150元
④中國神奇占卜	淺野八郎著	150元
⑤夢判斷	淺野八郎著	150元
⑥前世、來世占卜	淺野八郎著	150元
⑦法國式血型學	淺野八郎著	150元
⑧靈感、符咒學	淺野八郎著	150元
⑨紙牌占卜學	淺野八郎著	150元
⑩ＥＳＰ超能力占卜	淺野八郎著	150元
⑪猶太數的秘術	淺野八郎著	150元
⑫新心理測驗	淺野八郎著	160元
⑬塔羅牌預言秘法	淺野八郎著	200元

• 趣味心理講座 • 電腦編號 15

①性格測驗１	探索男與女	淺野八郎著	140元
②性格測驗２	透視人心奧秘	淺野八郎著	140元
③性格測驗３	發現陌生的自己	淺野八郎著	140元
④性格測驗４	發現你的真面目	淺野八郎著	140元
⑤性格測驗５	讓你們吃驚	淺野八郎著	140元
⑥性格測驗６	洞穿心理盲點	淺野八郎著	140元
⑦性格測驗７	探索對方心理	淺野八郎著	140元
⑧性格測驗８	由吃認識自己	淺野八郎著	160元

⑨性格測驗９	戀愛知多少	淺野八郎著	160元
⑩性格測驗10	由裝扮瞭解人心	淺野八郎著	160元
⑪性格測驗11	敲開內心玄機	淺野八郎著	140元
⑫性格測驗12	透視你的未來	淺野八郎著	160元
⑬血型與你的一生		淺野八郎著	160元
⑭趣味推理遊戲		淺野八郎著	160元
⑮行爲語言解析		淺野八郎著	160元

•婦幼天地•電腦編號16

①八萬人減肥成果	黃靜香譯	180元
②三分鐘減肥體操	楊鴻儒譯	150元
③窈窕淑女美髮秘訣	柯素娥譯	130元
④使妳更迷人	成　玉譯	130元
⑤女性的更年期	官舒妍編譯	160元
⑥胎內育兒法	李玉瓊編譯	150元
⑦早產兒袋鼠式護理	唐岱蘭譯	200元
⑧初次懷孕與生產	婦幼天地編譯組	180元
⑨初次育兒12個月	婦幼天地編譯組	180元
⑩斷乳食與幼兒食	婦幼天地編譯組	180元
⑪培養幼兒能力與性向	婦幼天地編譯組	180元
⑫培養幼兒創造力的玩具與遊戲	婦幼天地編譯組	180元
⑬幼兒的症狀與疾病	婦幼天地編譯組	180元
⑭腿部苗條健美法	婦幼天地編譯組	180元
⑮女性腰痛別忽視	婦幼天地編譯組	150元
⑯舒展身心體操術	李玉瓊編譯	130元
⑰三分鐘臉部體操	趙薇妮著	160元
⑱生動的笑容表情術	趙薇妮著	160元
⑲心曠神怡減肥法	川津祐介著	130元
⑳內衣使妳更美麗	陳玄茹譯	130元
㉑瑜伽美姿美容	黃靜香編著	180元
㉒高雅女性裝扮學	陳珮玲譯	180元
㉓蠶糞肌膚美顏法	坂梨秀子著	160元
㉔認識妳的身體	李玉瓊譯	160元
㉕產後恢復苗條體態	居理安•芙萊喬著	200元
㉖正確護髮美容法	山崎伊久江著	180元
㉗安琪拉美姿養生學	安琪拉蘭斯博瑞著	180元
㉘女體性醫學剖析	增田豐著	220元
㉙懷孕與生產剖析	岡部綾子著	180元
㉚斷奶後的健康育兒	東城百合子著	220元
㉛引出孩子幹勁的責罵藝術	多湖輝著	170元

㉜培養孩子獨立的藝術	多湖輝著	170元
㉝子宮肌瘤與卵巢囊腫	陳秀琳編著	180元
㉞下半身減肥法	納他夏・史達賓著	180元
㉟女性自然美容法	吳雅菁編著	180元
㊱再也不發胖	池園悅太郎著	170元
㊲生男生女控制術	中垣勝裕著	220元
㊳使妳的肌膚更亮麗	楊　皓編著	170元
㊴臉部輪廓變美	芝崎義夫著	180元
㊵斑點、皺紋自己治療	高須克彌著	180元
㊶面皰自己治療	伊藤雄康著	180元
㊷隨心所欲瘦身冥想法	原久子著	180元
㊸胎兒革命	鈴木丈織著	180元
㊹NS磁氣平衡法塑造窈窕奇蹟	古屋和江著	180元
㊺享瘦從腳開始	山田陽子著	180元
㊻小改變瘦４公斤	宮本裕子著	180元

・青 春 天 地・電腦編號17

①A血型與星座	柯素娥編譯	160元
②B血型與星座	柯素娥編譯	160元
③O血型與星座	柯素娥編譯	160元
④AB血型與星座	柯素娥編譯	120元
⑤青春期性教室	呂貴嵐編譯	130元
⑥事半功倍讀書法	王毅希編譯	150元
⑦難解數學破題	宋釗宜編譯	130元
⑧速算解題技巧	宋釗宜編譯	130元
⑨小論文寫作秘訣	林顯茂編譯	120元
⑪中學生野外遊戲	熊谷康編著	120元
⑫恐怖極短篇	柯素娥編譯	130元
⑬恐怖夜話	小毛驢編譯	130元
⑭恐怖幽默短篇	小毛驢編譯	120元
⑮黑色幽默短篇	小毛驢編譯	120元
⑯靈異怪談	小毛驢編譯	130元
⑰錯覺遊戲	小毛驢編譯	130元
⑱整人遊戲	小毛驢編著	150元
⑲有趣的超常識	柯素娥編譯	130元
⑳哦！原來如此	林慶旺編譯	130元
㉑趣味競賽100種	劉名揚編譯	120元
㉒數學謎題入門	宋釗宜編譯	150元
㉓數學謎題解析	宋釗宜編譯	150元
㉔透視男女心理	林慶旺編譯	120元

㉕少女情懷的自白	李桂蘭編譯	120元
㉖由兄弟姊妹看命運	李玉瓊編譯	130元
㉗趣味的科學魔術	林慶旺編譯	150元
㉘趣味的心理實驗室	李燕玲編譯	150元
㉙愛與性心理測驗	小毛驢編譯	130元
㉚刑案推理解謎	小毛驢編譯	130元
㉛偵探常識推理	小毛驢編譯	130元
㉜偵探常識解謎	小毛驢編譯	130元
㉝偵探推理遊戲	小毛驢編譯	130元
㉞趣味的超魔術	廖玉山編著	150元
㉟趣味的珍奇發明	柯素娥編著	150元
㊱登山用具與技巧	陳瑞菊編著	150元

•健 康 天 地•電腦編號 18

①壓力的預防與治療	柯素娥編譯	130元
②超科學氣的魔力	柯素娥編譯	130元
③尿療法治病的神奇	中尾良一著	130元
④鐵證如山的尿療法奇蹟	廖玉山譯	120元
⑤一日斷食健康法	葉慈容編譯	150元
⑥胃部強健法	陳炳崑譯	120元
⑦癌症早期檢查法	廖松濤譯	160元
⑧老人痴呆症防止法	柯素娥編譯	130元
⑨松葉汁健康飲料	陳麗芬編譯	130元
⑩揉肚臍健康法	永井秋夫著	150元
⑪過勞死、猝死的預防	卓秀貞編譯	130元
⑫高血壓治療與飲食	藤山順豐著	150元
⑬老人看護指南	柯素娥編譯	150元
⑭美容外科淺談	楊啟宏著	150元
⑮美容外科新境界	楊啟宏著	150元
⑯鹽是天然的醫生	西英司郎著	140元
⑰年輕十歲不是夢	梁瑞麟譯	200元
⑱茶料理治百病	桑野和民著	180元
⑲綠茶治病寶典	桑野和民著	150元
⑳杜仲茶養顏減肥法	西田博著	150元
㉑蜂膠驚人療效	瀨長良三郎著	180元
㉒蜂膠治百病	瀨長良三郎著	180元
㉓醫藥與生活	鄭炳全著	180元
㉔鈣長生寶典	落合敏著	180元
㉕大蒜長生寶典	木下繁太郎著	160元
㉖居家自我健康檢查	石川恭三著	160元

㉗永恒的健康人生	李秀鈴譯	200元
㉘大豆卵磷脂長生寶典	劉雪卿譯	150元
㉙芳香療法	梁艾琳譯	160元
㉚醋長生寶典	柯素娥譯	180元
㉛從星座透視健康	席拉・吉蒂斯著	180元
㉜愉悅自在保健學	野本二士夫著	160元
㉝裸睡健康法	丸山淳士等著	160元
㉞糖尿病預防與治療	藤田順豐著	180元
㉟維他命長生寶典	菅原明子著	180元
㊱維他命C新效果	鐘文訓編	150元
㊲手、腳病理按摩	堤芳朗著	160元
㊳AIDS瞭解與預防	彼得塔歇爾著	180元
㊴甲殼質殼聚糖健康法	沈永嘉譯	160元
㊵神經痛預防與治療	木下眞男著	160元
㊶室內身體鍛鍊法	陳炳崑編著	160元
㊷吃出健康藥膳	劉大器編著	180元
㊸自我指壓術	蘇燕謀編著	160元
㊹紅蘿蔔汁斷食療法	李玉瓊編著	150元
㊺洗心術健康秘法	竺翠萍編譯	170元
㊻枇杷葉健康療法	柯素娥編譯	180元
㊼抗衰血癒	楊啟宏著	180元
㊽與癌搏鬥記	逸見政孝著	180元
㊾冬蟲夏草長生寶典	高橋義博著	170元
㊿痔瘡・大腸疾病先端療法	宮島伸宜著	180元
51膠布治癒頑固慢性病	加瀨建造著	180元
52芝麻神奇健康法	小林貞作著	170元
53香煙能防止癡呆？	高田明和著	180元
54穀菜食治癌療法	佐藤成志著	180元
55貼藥健康法	松原英多著	180元
56克服癌症調和道呼吸法	帶津良一著	180元
57Ｂ型肝炎預防與治療	野村喜重郎著	180元
58青春永駐養生導引術	早島正雄著	180元
59改變呼吸法創造健康	原久子著	180元
60荷爾蒙平衡養生秘訣	出村博著	180元
61水美肌健康法	井戶勝富著	170元
62認識食物掌握健康	廖梅珠編著	170元
63痛風劇痛消除法	鈴木吉彥著	180元
64酸莖菌驚人療效	上田明彥著	180元
65大豆卵磷脂治現代病	神津健一著	200元
66時辰療法──危險時刻凌晨４時	呂建強等著	180元
67自然治癒力提升法	帶津良一著	180元

⑱巧妙的氣保健法	藤平墨子著	180元
⑲治癒C型肝炎	熊田博光著	180元
⑳肝臟病預防與治療	劉名揚編著	180元
㉑腰痛平衡療法	荒井政信著	180元
㉒根治多汗症、狐臭	稻葉益巳著	220元
㉓40歲以後的骨質疏鬆症	沈永嘉譯	180元
㉔認識中藥	松下一成著	180元
㉕認識氣的科學	佐佐木茂美著	180元
㉖我戰勝了癌症	安田伸著	180元
㉗斑點是身心的危險信號	中野進著	180元
㉘艾波拉病毒大震撼	玉川重德著	180元
㉙重新還我黑髮	桑名隆一郎著	180元
㉚身體節律與健康	林博史著	180元
㉛生薑治萬病	石原結實著	180元
㉜靈芝治百病	陳瑞東著	180元
㉝木炭驚人的威力	大槻彰著	200元
㉞認識活性氧	井土貴司著	180元
㉟深海鮫治百病	廖玉山編著	180元
㊱神奇的蜂王乳	井上丹治著	180元

•實用女性學講座• 電腦編號 19

①解讀女性內心世界	島田一男著	150元
②塑造成熟的女性	島田一男著	150元
③女性整體裝扮學	黃靜香編著	180元
④女性應對禮儀	黃靜香編著	180元
⑤女性婚前必修	小野十傳著	200元
⑥徹底瞭解女人	田口二州著	180元
⑦拆穿女性謊言88招	島田一男著	200元
⑧解讀女人心	島田一男著	200元
⑨俘獲女性絕招	志賀貢著	200元

•校 園 系 列• 電腦編號 20

①讀書集中術	多湖輝著	150元
②應考的訣竅	多湖輝著	150元
③輕鬆讀書贏得聯考	多湖輝著	150元
④讀書記憶秘訣	多湖輝著	150元
⑤視力恢復！超速讀術	江錦雲譯	180元
⑥讀書36計	黃柏松編著	180元
⑦驚人的速讀術	鐘文訓編著	170元

⑧學生課業輔導良方	多湖輝著	180元
⑨超速讀超記憶法	廖松濤編著	180元
⑩速算解題技巧	宋釗宜編著	200元
⑪看圖學英文	陳炳崑編著	200元

・實用心理學講座・電腦編號 21

①拆穿欺騙伎倆	多湖輝著	140元
②創造好構想	多湖輝著	140元
③面對面心理術	多湖輝著	160元
④偽裝心理術	多湖輝著	140元
⑤透視人性弱點	多湖輝著	140元
⑥自我表現術	多湖輝著	180元
⑦不可思議的人性心理	多湖輝著	180元
⑧催眠術入門	多湖輝著	150元
⑨責罵部屬的藝術	多湖輝著	150元
⑩精神力	多湖輝著	150元
⑪厚黑說服術	多湖輝著	150元
⑫集中力	多湖輝著	150元
⑬構想力	多湖輝著	150元
⑭深層心理術	多湖輝著	160元
⑮深層語言術	多湖輝著	160元
⑯深層說服術	多湖輝著	180元
⑰掌握潛在心理	多湖輝著	160元
⑱洞悉心理陷阱	多湖輝著	180元
⑲解讀金錢心理	多湖輝著	180元
⑳拆穿語言圈套	多湖輝著	180元
㉑語言的內心玄機	多湖輝著	180元
㉒積極力	多湖輝著	180元

・超現實心理講座・電腦編號 22

①超意識覺醒法	詹蔚芬編譯	130元
②護摩秘法與人生	劉名揚編譯	130元
③秘法！超級仙術入門	陸　明譯	150元
④給地球人的訊息	柯素娥編著	150元
⑤密教的神通力	劉名揚編著	130元
⑥神秘奇妙的世界	平川陽一著	180元
⑦地球文明的超革命	吳秋嬌譯	200元
⑧力量石的秘密	吳秋嬌譯	180元
⑨超能力的靈異世界	馬小莉譯	200元

⑩逃離地球毀滅的命運	吳秋嬌譯	200元
⑪宇宙與地球終結之謎	南山宏著	200元
⑫驚世奇功揭秘	傅起鳳著	200元
⑬啟發身心潛力心象訓練法	栗田昌裕著	180元
⑭仙道術遁甲法	高藤聰一郎著	220元
⑮神通力的秘密	中岡俊哉著	180元
⑯仙人成仙術	高藤聰一郎著	200元
⑰仙道符咒氣功法	高藤聰一郎著	220元
⑱仙道風水術尋龍法	高藤聰一郎著	200元
⑲仙道奇蹟超幻像	高藤聰一郎著	200元
⑳仙道鍊金術房中法	高藤聰一郎著	200元
㉑奇蹟超醫療治癒難病	深野一幸著	220元
㉒揭開月球的神秘力量	超科學研究會	180元
㉓西藏密教奧義	高藤聰一郎著	250元
㉔改變你的夢術入門	高藤聰一郎著	250元

・養 生 保 健・電腦編號 23

①醫療養生氣功	黃孝寬著	250元
②中國氣功圖譜	余功保著	230元
③少林醫療氣功精粹	井玉蘭著	250元
④龍形實用氣功	吳大才等著	220元
⑤魚戲增視強身氣功	宮　嬰著	220元
⑥嚴新氣功	前新培金著	250元
⑦道家玄牝氣功	張　章著	200元
⑧仙家秘傳袪病功	李遠國著	160元
⑨少林十大健身功	秦慶豐著	180元
⑩中國自控氣功	張明武著	250元
⑪醫療防癌氣功	黃孝寬著	250元
⑫醫療強身氣功	黃孝寬著	250元
⑬醫療點穴氣功	黃孝寬著	250元
⑭中國八卦如意功	趙維漢著	180元
⑮正宗馬禮堂養氣功	馬禮堂著	420元
⑯秘傳道家筋經內丹功	王慶餘著	280元
⑰三元開慧功	辛桂林著	250元
⑱防癌治癌新氣功	郭　林著	180元
⑲禪定與佛家氣功修煉	劉天君著	200元
⑳顛倒之術	梅自強著	360元
㉑簡明氣功辭典	吳家駿編	360元
㉒八卦三合功	張全亮著	230元
㉓朱砂掌健身養生功	楊　永著	250元

㉔抗老功　陳九鶴著　230元

・社會人智囊・電腦編號 24

①糾紛談判術	清水增三著	160元
②創造關鍵術	淺野八郎著	150元
③觀人術	淺野八郎著	180元
④應急詭辯術	廖英迪編著	160元
⑤天才家學習術	木原武一著	160元
⑥猫型狗式鑑人術	淺野八郎著	180元
⑦逆轉運掌握術	淺野八郎著	180元
⑧人際圓融術	澀谷昌三著	160元
⑨解讀人心術	淺野八郎著	180元
⑩與上司水乳交融術	秋元隆司著	180元
⑪男女心態定律	小田晉著	180元
⑫幽默說話術	林振輝編著	200元
⑬人能信賴幾分	淺野八郎著	180元
⑭我一定能成功	李玉瓊譯	180元
⑮獻給青年的嘉言	陳蒼杰譯	180元
⑯知人、知面、知其心	林振輝編著	180元
⑰塑造堅強的個性	坂上肇著	180元
⑱爲自己而活	佐藤綾子著	180元
⑲未來十年與愉快生活有約	船井幸雄著	180元
⑳超級銷售話術	杜秀卿譯	180元
㉑感性培育術	黃靜香編著	180元
㉒公司新鮮人的禮儀規範	蔡媛惠譯	180元
㉓傑出職員鍛鍊術	佐佐木正著	180元
㉔面談獲勝戰略	李芳黛譯	180元
㉕金玉良言撼人心	森純大著	180元
㉖男女幽默趣典	劉華亭編著	180元
㉗機智說話術	劉華亭編著	180元
㉘心理諮商室	柯素娥譯	180元
㉙如何在公司崢嶸頭角	佐佐木正著	180元
㉚機智應對術	李玉瓊編著	200元
㉛克服低潮良方	坂野雄二著	180元
㉜智慧型說話技巧	沈永嘉編著	180元
㉝記憶力、集中力增進術	廖松濤編著	180元
㉞女職員培育術	林慶旺編著	180元
㉟自我介紹與社交禮儀	柯素娥編著	180元
㊱積極生活創幸福	田中真澄著	180元
㊲妙點子超構想	多湖輝著	180元

・精 選 系 列・電腦編號25

①毛澤東與鄧小平	渡邊利夫等著	280元
②中國大崩裂	江戶介雄著	180元
③台灣・亞洲奇蹟	上村幸治著	220元
④7-ELEVEN高盈收策略	國友隆一著	180元
⑤台灣獨立（新・中國日本戰爭一）	森　詠著	200元
⑥迷失中國的末路	江戶雄介著	220元
⑦2000年5月全世界毀滅	紫藤甲子男著	180元
⑧失去鄧小平的中國	小島朋之著	220元
⑨世界史爭議性異人傳	桐生操著	200元
⑩淨化心靈享人生	松濤弘道著	220元
⑪人生心情診斷	賴藤和寬著	220元
⑫中美大決戰	檜山良昭著	220元
⑬黃昏帝國美國	莊雯琳譯	220元
⑭兩岸衝突（新・中國日本戰爭二）	森　詠著	220元
⑮封鎖台灣（新・中國日本戰爭三）	森　詠著	220元
⑯中國分裂（新・中國日本戰爭四）	森　詠著	220元

・運 動 遊 戲・電腦編號26

①雙人運動	李玉瓊譯	160元
②愉快的跳繩運動	廖玉山譯	180元
③運動會項目精選	王佑京譯	150元
④肋木運動	廖玉山譯	150元
⑤測力運動	王佑宗譯	150元

・休 閒 娛 樂・電腦編號27

①海水魚飼養法	田中智浩著	300元
②金魚飼養法	曾雪玫譯	250元
③熱門海水魚	毛利匡明著	480元
④愛犬的教養與訓練	池田好雄著	250元
⑤狗教養與疾病	杉浦哲著	220元
⑥小動物養育技巧	三上昇著	300元

・銀髮族智慧學・電腦編號28

①銀髮六十樂逍遙	多湖輝著	170元
②人生六十反年輕	多湖輝著	170元

③六十歲的決斷	多湖輝著	170元
④銀髮族健身指南	孫瑞台編著	250元

•飲 食 保 健• 電腦編號 29

①自己製作健康茶	大海淳著	220元
②好吃、具藥效茶料理	德永睦子著	220元
③改善慢性病健康藥草茶	吳秋嬌譯	200元
④藥酒與健康果菜汁	成玉編著	250元
⑤家庭保健養生湯	馬汴梁編著	220元
⑥降低膽固醇的飲食	早川和志著	200元
⑦女性癌症的飲食	女子營養大學	280元
⑧痛風者的飲食	女子營養大學	280元
⑨貧血者的飲食	女子營養大學	280元
⑩高脂血症者的飲食	女子營養大學	280元

•家庭醫學保健• 電腦編號 30

①女性醫學大全	雨森良彥著	380元
②初爲人父育兒寶典	小瀧周曹著	220元
③性活力強健法	相建華著	220元
④30歲以上的懷孕與生產	李芳黛編著	220元
⑤舒適的女性更年期	野末悅子著	200元
⑥夫妻前戲的技巧	笠井寬司著	200元
⑦病理足穴按摩	金慧明著	220元
⑧爸爸的更年期	河野孝旺著	200元
⑨橡皮帶健康法	山田晶著	180元
⑩33天健美減肥	相建華等著	180元
⑪男性健美入門	孫玉祿編著	180元
⑫強化肝臟秘訣	主婦の友社編	200元
⑬了解藥物副作用	張果馨譯	200元
⑭女性醫學小百科	松山榮吉著	200元
⑮左轉健康法	龜田修等著	200元
⑯實用天然藥物	鄭炳全編著	260元
⑰神秘無痛平衡療法	林宗駛著	180元
⑱膝蓋健康法	張果馨譯	180元
⑲針灸治百病	葛書翰著	250元
⑳異位性皮膚炎治癒法	吳秋嬌譯	220元
㉑禿髮白髮預防與治療	陳炳崑編著	180元
㉒埃及皇宮菜健康法	飯森薰著	200元
㉓肝臟病安心治療	上野幸久著	220元

㉔耳穴治百病	陳抗美等著	250元
㉕高效果指壓法	五十嵐康彥著	200元
㉖瘦水、胖水	鈴木園子著	200元
㉗手針新療法	朱振華著	200元
㉘香港腳預防與治療	劉小惠譯	200元
㉙智慧飲食吃出健康	柯富陽編著	200元
㉚牙齒保健法	廖玉山編著	200元

•超經營新智慧• 電腦編號 31

①躍動的國家越南	林雅倩譯	250元
②甦醒的小龍菲律賓	林雅倩譯	220元

•心 靈 雅 集• 電腦編號 00

①禪言佛語看人生	松濤弘道著	180元
②禪密教的奧秘	葉逯謙譯	120元
③觀音大法力	田口日勝著	120元
④觀音法力的大功德	田口日勝著	120元
⑤達摩禪106智慧	劉華亭編譯	220元
⑥有趣的佛教研究	葉逯謙編譯	170元
⑦夢的開運法	蕭京凌譯	130元
⑧禪學智慧	柯素娥編譯	130元
⑨女性佛教入門	許俐萍譯	110元
⑩佛像小百科	心靈雅集編譯組	130元
⑪佛教小百科趣談	心靈雅集編譯組	120元
⑫佛教小百科漫談	心靈雅集編譯組	150元
⑬佛教知識小百科	心靈雅集編譯組	150元
⑭佛學名言智慧	松濤弘道著	220元
⑮釋迦名言智慧	松濤弘道著	220元
⑯活人禪	平田精耕著	120元
⑰坐禪入門	柯素娥編譯	150元
⑱現代禪悟	柯素娥編譯	130元
⑲道元禪師語錄	心靈雅集編譯組	130元
⑳佛學經典指南	心靈雅集編譯組	130元
㉑何謂「生」 阿含經	心靈雅集編譯組	150元
㉒一切皆空 般若心經	心靈雅集編譯組	150元
㉓超越迷惘 法句經	心靈雅集編譯組	180元
㉔開拓宇宙觀 華嚴經	心靈雅集編譯組	180元
㉕真實之道 法華經	心靈雅集編譯組	130元
㉖自由自在 涅槃經	心靈雅集編譯組	130元

㉗沈默的教示　維摩經	心靈雅集編譯組	150元
㉘開通心眼　佛語佛戒	心靈雅集編譯組	130元
㉙揭秘寶庫　密教經典	心靈雅集編譯組	180元
㉚坐禪與養生	廖松濤譯	110元
㉛釋尊十戒	柯素娥編譯	120元
㉜佛法與神通	劉欣如編著	120元
㉝悟（正法眼藏的世界）	柯素娥編譯	120元
㉞只管打坐	劉欣如編著	120元
㉟喬答摩・佛陀傳	劉欣如編著	120元
㊱唐玄奘留學記	劉欣如編著	120元
㊲佛教的人生觀	劉欣如編譯	110元
㊳無門關（上卷）	心靈雅集編譯組	150元
㊴無門關（下卷）	心靈雅集編譯組	150元
㊵業的思想	劉欣如編著	130元
㊶佛法難學嗎	劉欣如著	140元
㊷佛法實用嗎	劉欣如著	140元
㊸佛法殊勝嗎	劉欣如著	140元
㊹因果報應法則	李常傳編	180元
㊺佛教醫學的奧秘	劉欣如編著	150元
㊻紅塵絕唱	海　若著	130元
㊼佛教生活風情	洪丕謨、姜玉珍著	220元
㊽行住坐臥有佛法	劉欣如著	160元
㊾起心動念是佛法	劉欣如著	160元
㊿四字禪語	曹洞宗青年會	200元
51妙法蓮華經	劉欣如編著	160元
52根本佛教與大乘佛教	葉作森編	180元
53大乘佛經	定方晟著	180元
54須彌山與極樂世界	定方晟著	180元
55阿闍世的悟道	定方晟著	180元
56金剛經的生活智慧	劉欣如著	180元

・經　營　管　理・電腦編號 01

◎創新經營管理六十六大計（精）	蔡弘文編	780元
①如何獲取生意情報	蘇燕謀譯	110元
②經濟常識問答	蘇燕謀譯	130元
④台灣商戰風雲錄	陳中雄著	120元
⑤推銷大王秘錄	原一平著	180元
⑥新創意・賺大錢	王家成譯	90元
⑦工廠管理新手法	琪　輝著	120元
⑨經營參謀	柯順隆譯	120元

⑩美國實業24小時	柯順隆譯	80元
⑪撼動人心的推銷法	原一平著	150元
⑫高竿經營法	蔡弘文編	120元
⑬如何掌握顧客	柯順隆譯	150元
⑰一流的管理	蔡弘文編	150元
⑱外國人看中韓經濟	劉華亭譯	150元
⑳突破商場人際學	林振輝編著	90元
㉒如何使女人打開錢包	林振輝編著	100元
㉔小公司經營策略	王嘉誠著	160元
㉕成功的會議技巧	鐘文訓編譯	100元
㉖新時代老闆學	黃柏松編著	100元
㉗如何創造商場智囊團	林振輝編譯	150元
㉘十分鐘推銷術	林振輝編譯	180元
㉙五分鐘育才	黃柏松編譯	100元
㉝自我經濟學	廖松濤編譯	100元
㉞一流的經營	陶田生編著	120元
㉟女性職員管理術	王昭國編譯	120元
㊱ＩＢＭ的人事管理	鐘文訓編譯	150元
㊲現代電腦常識	王昭國編譯	150元
㊳電腦管理的危機	鐘文訓編譯	120元
㊴如何發揮廣告效果	王昭國編譯	150元
㊵最新管理技巧	王昭國編譯	150元
㊶一流推銷術	廖松濤編譯	150元
㊷包裝與促銷技巧	王昭國編譯	130元
㊸企業王國指揮塔	松下幸之助著	120元
㊹企業精銳兵團	松下幸之助著	120元
㊺企業人事管理	松下幸之助著	100元
㊻華僑經商致富術	廖松濤編譯	130元
㊼豐田式銷售技巧	廖松濤編譯	180元
㊽如何掌握銷售技巧	王昭國編著	130元
㊿洞燭機先的經營	鐘文訓編譯	150元
52新世紀的服務業	鐘文訓編譯	100元
53成功的領導者	廖松濤編譯	120元
54女推銷員成功術	李玉瓊編譯	130元
55ＩＢＭ人才培育術	鐘文訓編譯	100元
56企業人自我突破法	黃琪輝編著	150元
58財富開發術	蔡弘文編著	130元
59成功的店舖設計	鐘文訓編著	150元
61企管回春法	蔡弘文編著	130元
62小企業經營指南	鐘文訓編譯	100元
63商場致勝名言	鐘文訓編譯	150元

㊿64迎接商業新時代	廖松濤編譯	100元
66新手股票投資入門	何朝乾　編	200元
67上揚股與下跌股	何朝乾編譯	180元
68股票速成學	何朝乾編譯	200元
69理財與股票投資策略	黃俊豪編著	180元
70黃金投資策略	黃俊豪編著	180元
71厚黑管理學	廖松濤編譯	180元
72股市致勝格言	呂梅莎編譯	180元
73透視西武集團	林谷燁編譯	150元
76巡迴行銷術	陳蒼杰譯	150元
77推銷的魔術	王嘉誠譯	120元
78 60秒指導部屬	周蓮芬編譯	150元
79精銳女推銷員特訓	李玉瓊編譯	130元
80企劃、提案、報告圖表的技巧	鄭　汶　譯	180元
81海外不動產投資	許達守編譯	150元
82八百件的世界策略	李玉瓊譯	150元
83服務業品質管理	吳宜芬譯	180元
84零庫存銷售	黃東謙編譯	150元
85三分鐘推銷管理	劉名揚編譯	150元
86推銷大王奮鬥史	原一平著	150元
87豐田汽車的生產管理	林谷燁編譯	150元

•成 功 寶 庫•電腦編號 02

①上班族交際術	江森滋著	100元
②拍馬屁訣竅	廖玉山編譯	110元
④聽話的藝術	歐陽輝編譯	110元
⑨求職轉業成功術	陳　義編著	110元
⑩上班族禮儀	廖玉山編著	120元
⑪接近心理學	李玉瓊編著	100元
⑫創造自信的新人生	廖松濤編著	120元
⑮神奇瞬間瞑想法	廖松濤編譯	100元
⑯人生成功之鑰	楊意苓編著	150元
⑲給企業人的諍言	鐘文訓編著	120元
⑳企業家自律訓練法	陳　義編譯	100元
㉑上班族妖怪學	廖松濤編著	100元
㉒猶太人縱橫世界的奇蹟	孟佑政編著	110元
㉕你是上班族中強者	嚴思圖編著	100元
㉚成功頓悟100則	蕭京凌編譯	130元
㉜知性幽默	李玉瓊編譯	130元
㉝熟記對方絕招	黃靜香編譯	100元

㊲察言觀色的技巧	劉華亭編著	180元
㊳一流領導力	施義彥編譯	120元
㊵30秒鐘推銷術	廖松濤編譯	150元
㊶猶太成功商法	周蓮芬編譯	120元
㊷尖端時代行銷策略	陳蒼杰編著	100元
㊸顧客管理學	廖松濤編著	100元
㊹如何使對方說Yes	程　羲編著	150元
㊼上班族口才學	楊鴻儒譯	120元
㊽上班族新鮮人須知	程　羲編著	120元
㊾如何左右逢源	程　羲編著	130元
㊿語言的心理戰	多湖輝著	130元
55性惡企業管理學	陳蒼杰譯	130元
56自我啟發200招	楊鴻儒編著	150元
57做個傑出女職員	劉名揚編著	130元
58靈活的集團營運術	楊鴻儒編著	120元
60個案研究活用法	楊鴻儒編著	130元
61企業教育訓練遊戲	楊鴻儒編著	120元
62管理者的智慧	程　義編譯	130元
63做個佼佼管理者	馬筱莉編譯	130元
67活用禪學於企業	柯素娥編譯	130元
69幽默詭辯術	廖玉山編譯	150元
70拿破崙智慧箴言	柯素娥編譯	130元
71自我培育・超越	蕭京凌編譯	150元
74時間即一切	沈永嘉編譯	130元
75自我脫胎換骨	柯素娥譯	150元
76贏在起跑點—人才培育鐵則	楊鴻儒編譯	150元
77做一枚活棋	李玉瓊編譯	130元
78面試成功戰略	柯素娥編譯	130元
81瞬間攻破心防法	廖玉山編譯	120元
82改變一生的名言	李玉瓊編譯	130元
83性格性向創前程	楊鴻儒編譯	130元
84訪問行銷新竅門	廖玉山編譯	150元
85無所不達的推銷話術	李玉瓊編譯	150元

・處 世 智 慧・電腦編號 03

①如何改變你自己	陸明編譯	120元
⑥靈感成功術	譚繼山編譯	80元
⑧扭轉一生的五分鐘	黃柏松編譯	100元
⑩現代人的詭計	林振輝譯	100元
⑫如何利用你的時間	蘇遠謀譯	80元

⑬口才必勝術	黃柏松編譯	120元
⑭女性的智慧	譚繼山編譯	90元
⑯人生的體驗	陸明編譯	80元
⑱幽默吹牛術	金子登著	90元
⑲攻心說服術	多湖輝著	100元
⑳當機立斷	陸明編譯	70元
㉒如何交朋友	安紀芳編著	70元
㉔慧心良言	亦　奇著	80元
㉕名家慧語	蔡逸鴻主編	90元
㉘如何發揮你的潛能	陸明編譯	90元
㉙女人身態語言學	李常傳譯	130元
㉚摸透女人心	張文志譯	90元
㉜給女人的悄悄話	妮倩編譯	90元
㉞如何開拓快樂人生	陸明編譯	90元
㊱成功的捷徑	鐘文訓譯	70元
㊲幽默逗笑術	林振輝著	120元
㊳活用血型讀書法	陳炳崑譯	80元
㊴心　燈	葉于模著	100元
㊵當心受騙	林顯茂譯	90元
㊶心・體・命運	蘇燕謀譯	70元
㊷如何使頭腦更敏銳	陸明編譯	70元
㊸宮本武藏五輪書金言錄	宮本武藏著	100元
㊼成熟的愛	林振輝譯	120元
㊽現代女性駕馭術	蔡德華著	90元
㊾禁忌遊戲	酒井潔著	90元
㊿摸透男人心	劉華亭編譯	80元
53如何達成願望	謝世輝著	90元
54創造奇蹟的「想念法」	謝世輝著	90元
55創造成功奇蹟	謝世輝著	90元
57幻想與成功	廖松濤譯	80元
58反派角色的啟示	廖松濤編譯	70元
59現代女性須知	劉華亭編著	75元
62如何突破內向	姜倩怡編譯	110元
64讀心術入門	王家成編譯	100元
65如何解除內心壓力	林美羽編著	110元
66取信於人的技巧	多湖輝著	110元
68自我能力的開拓	卓一凡編著	110元
70縱橫交涉術	嚴思圖編著	90元
71如何培養妳的魅力	劉文珊編著	90元
72魅力的力量	姜倩怡編著	90元
75個性膽怯者的成功術	廖松濤編譯	100元

⑯人性的光輝	文可式編著	90元
⑲培養靈敏頭腦秘訣	廖玉山編著	90元
⑳夜晚心理術	鄭秀美編譯	80元
㉑如何做個成熟的女性	李玉瓊編著	80元
㉒現代女性成功術	劉文珊編著	90元
㉓成功說話技巧	梁惠珠編譯	100元
㉔人生的真諦	鐘文訓編譯	100元
㉕妳是人見人愛的女孩	廖松濤編著	120元
㉗指尖・頭腦體操	蕭京凌編譯	90元
㉘電話應對禮儀	蕭京凌編著	120元
㉙自我表現的威力	廖松濤編譯	100元
㉚名人名語啟示錄	喬家楓編著	100元
㉛男與女的哲思	程鐘梅編譯	110元
㉜靈思慧語	牧　風著	110元
㉝心靈夜語	牧　風著	100元
㉞激盪腦力訓練	廖松濤編譯	100元
㉟三分鐘頭腦活性法	廖玉山編譯	110元
㊱星期一的智慧	廖玉山編譯	100元
㊲溝通說服術	賴文琇編譯	100元

・健康與美容・電腦編號 04

③媚酒傳（中國王朝秘酒）	陸明主編	120元
⑤中國回春健康術	蔡一藩著	100元
⑥奇蹟的斷食療法	蘇燕謀譯	130元
⑧健美食物法	陳炳崑譯	120元
⑨驚異的漢方療法	唐龍編著	90元
⑩不老強精食	唐龍編著	100元
⑫五分鐘跳繩健身法	蘇明達譯	100元
⑬睡眠健康法	王家成譯	80元
⑭你就是名醫	張芳明譯	90元
⑲釋迦長壽健康法	譚繼山譯	90元
⑳腳部按摩健康法	譚繼山譯	120元
㉑自律健康法	蘇明達譯	90元
㉓身心保健座右銘	張仁福著	160元
㉔腦中風家庭看護與運動治療	林振輝譯	100元
㉕秘傳醫學人相術	成玉主編	120元
㉖導引術入門(1)治療慢性病	成玉主編	110元
㉗導引術入門(2)健康・美容	成玉主編	110元
㉘導引術入門(3)身心健康法	成玉主編	110元
㉙妙用靈藥・蘆薈	李常傳譯	150元

㉚萬病回春百科	吳通華著	150元
㉛初次懷孕的10個月	成玉編譯	130元
㉜中國秘傳氣功治百病	陳炳崑編譯	130元
㉟仙人長生不老學	陸明編譯	100元
㊱釋迦秘傳米粒刺激法	鐘文訓譯	120元
㊲痔・治療與預防	陸明編譯	130元
㊳自我防身絕技	陳炳崑編譯	120元
㊴運動不足時疲勞消除法	廖松濤譯	110元
㊵三溫暖健康法	鐘文訓編譯	90元
㊸維他命與健康	鐘文訓譯	150元
㊺森林浴—綠的健康法	劉華亭編譯	80元
㊼導引術入門⑷酒浴健康法	成玉主編	90元
㊽導引術入門⑸不老回春法	成玉主編	90元
㊾山白竹（劍竹）健康法	鐘文訓譯	90元
㊿解救你的心臟	鐘文訓編譯	100元
52超人氣功法	陸明編譯	110元
54借力的奇蹟⑴	力拔山著	100元
55借力的奇蹟⑵	力拔山著	100元
56五分鐘小睡健康法	呂添發撰	120元
57禿髮、白髮預防與治療	陳炳崑撰	120元
59艾草健康法	張汝明編譯	90元
60一分鐘健康診斷	蕭京凌編譯	90元
61念術入門	黃靜香編譯	90元
62念術健康法	黃靜香編譯	90元
63健身回春法	梁惠珠編譯	100元
64姿勢養生法	黃秀娟編譯	90元
65仙人瞑想法	鐘文訓譯	120元
66人蔘的神效	林慶旺譯	100元
67奇穴治百病	吳通華著	120元
68中國傳統健康法	靳海東著	100元
71酵素健康法	楊　皓編譯	120元
73腰痛預防與治療	五味雅吉著	130元
74如何預防心臟病・腦中風	譚定長等著	100元
75少女的生理秘密	蕭京凌譯	120元
76頭部按摩與針灸	楊鴻儒譯	100元
77雙極療術入門	林聖道著	100元
78氣功自療法	梁景蓮著	120元
79大蒜健康法	李玉瓊編譯	100元
81健胸美容秘訣	黃靜香譯	120元
82鍺奇蹟療效	林宏儒譯	120元
83三分鐘健身運動	廖玉山譯	120元

國家圖書館出版品預行編目資料

說 NO 的技巧/廖玉山著．—2版．—臺北市：
大展，民87
面；　公分，——（社會人智囊；38）
ISBN 957-557-808-2（平裝）

1.應用心理學

177　　　　87002979

說NO的技巧

ISBN 957-557-808-2

編著者／廖　玉　山
發行人／蔡　森　明
出版者／大展出版社有限公司
社　址／台北市北投區（石牌）致遠一路二段12巷1號
電　話／(02) 28236031．28236033
傳　眞／(02) 28272069
郵政劃撥／0166955－1
登記證／局版臺業字第2171號
承印者／國順圖書印刷公司
裝　訂／嶸興裝訂有限公司
排版者／千兵企業有限公司
電　話／(02) 28812643
初版1刷／1992年（民81年）9月
2版1刷／1998年（民87年）5月

定　價／180元

大展好書 好書大展

大展好書　好書大展